Vegetarisch Kochen

Vegetarisch Kochen

Gesund und lecker
die 200 besten Rezepte

monte von DUMONT

Die Deutsche Bibliothek - CIP-Einheitsaufnahme

Vegetarisch kochen. - Orig.-Ausg. - Köln : DuMont, 2001
(Monte von DuMont)
ISBN 3-7701-8669-9

Text und Fotografie: Twin Books Verlagsbüro, München
Druck: Rasch, Bramsche
Buchbinderische Verarbeitung: Bramscher Buchbinder Betriebe

ISBN 3-7701-8669-9

Printed in Germany

Inhalt

Einleitung

Genuss ohne Reue

Rein theoretisch könnte der Mensch seine Nahrung in Form von Tabletten und Tropfen zu sich nehmen, in denen alle wichtigen und lebensnotwendigen Nährstoffe enthalten wären. Aber warum sollte er auf den Genuss und die Lust am Schauen und Schmecken verzichten? Wem hüpft nicht vor lauter Vorfreude das Herz beim Anblick einer Schale mit herrlichen Früchten oder eines Tellers mit dampfender Pasta? Was gibt es Schöneres, als mit lieben Menschen an einem hübsch gedeckten Tisch eine mit Liebe zubereitete Mahlzeit einzunehmen! Wir leben in einem Land, in dem wir fast alle kulinarischen Schätze der Welt kaufen können: Gewürze und Gemüse aus Asien, Früchte aus Afrika, Neuseeland und Südamerika, Weine aus Amerika und Australien, nicht zu vergessen die wunderbare Vielfalt aus Europas Gärten. Dass wir all diese Köstlichkeiten bei uns kaufen können, verdanken wir einer ausgeklügelten Kühltechnik und einem weltumspannenden Transportsystem.

Trotz des fantastischen Angebots haben uns hormonbelastetes Fleisch, die Rinderseuche BSE, Maul- und Klauenseuche bei Schweinen, Schafen und Ziegen, Salmonellen in Geflügel, Maden in Fischen, Unappetitliches und Risikomaterial in Wurst den Appetit gründlich verdorben. Weil selbst Landwirte und Viehzüchter, die mit viel Engagement nach strengen biologischen Methoden arbeiten, nicht 100-prozentig versprechen können, dass ihre Ware einwandfrei ist, verzichten wir in diesem Buch auf Fleisch, Geflügel und Fisch.

Was braucht der Mensch?

Energie! Denn nichts bewegt sich ohne Energiezufuhr. Das Auto kommt ohne Benzin nicht vom Fleck, die Eisenbahn bleibt ohne Strom im Bahnhof stehen. Auch der Mensch ist auf Energiezufuhr von außen angewiesen – ohne Energie aus der täglichen Nahrung kann er nicht existieren. Die wichtigsten Nährstoffe, die uns in Bewegung halten, heißen Kohlenhydrate, Eiweiß und Fett. Aber es fehlt noch etwas Entscheidendes, nämlich Vitamine und Mineralstoffe. Sie liefern zwar keine Energie, aber ohne sie liefe der Stoffwechsel nicht richtig ab, wären wir nicht gegen Krankheiten geschützt, hätten wir keine festen Zähne und Knochen, funktionierende Nerven und Muskeln.

Gesundheit kann man essen

Leider ist das Wissen um gesunde Ernährung bei vielen Zeitgenossen nicht sehr groß. Sie glauben, täglich einen Apfel oder etwas Salat oder Gemüse zu verspeisen, reiche völlig aus, um gesund zu bleiben. Wenn man bedenkt, dass die meisten Krankheiten bei uns durch falsche Ernährung entstehen, dann sollte es sich jeder Mensch zur Aufgabe machen, mehr über gesunderhaltende Ernährung zu erfahren. Falsch bedeutet: Wir essen zu viel, zu wenig, zu fett, zu süß, zu salzig, zu eiweißreich und trinken zu viel Alkohol.

Natürlich macht kein Nahrungsmittel krank, aber wenn auf Dauer bestimmte Stoffe fehlen, dann kommt es zu Störungen im menschlichen Körper. Die Deutsche Gesellschaft für Ernährung empfiehlt, täglich Ge-

treide und Getreideprodukte wie Brot und Nudeln, täglich Gemüse, Salat und Kräuter und frisches Obst zu essen. Täglich sollten mindestens 1,5 bis 2 Liter Wasser, Kräutertee, verdünnte Obst- und Gemüsesäfte getrunken werden. Täglich, aber in kleinen Mengen, gehören Milch und Milchprodukte wie Käse, Jogurt, Quark usw. auf den Tisch; Fleisch, Fisch und Eier können jeweils zweimal in der Woche gegessen werden. Mit Ölen und Fetten sollte sparsam umgegangen werden. Kalt gepresste Öle sind den raffinierten Speiseölen vorzuziehen.

Neben den nährstoffreichen Nahrungsmitteln gibt es aber noch eine Reihe von Produkten, die nur ganz wenige oder gar keine Nährstoffe enthalten. Das sind Zucker, Alkohol und Weißmehlprodukte (deshalb lieber Vollkornprodukte kaufen). Niemand will Ihnen etwas verbieten, und natürlich dürfen Sie sich auch mal ein Stück Pizza, einen Schokoriegel, ein Stück Kuchen oder Torte können, aber vergessen Sie nie, täglich 200 Gramm Obst und 300 Gramm Gemüse zu sich zu nehmen.

Kohlenhydrate machen satt

Kohlenhydrate aus stärke- und ballaststoffreichen Nahrungsmitteln wie Pellkartoffeln, Vollkorngetreide, Vollkornprodukten wie Broten und anderen Backwaren, Nudeln, Müsli, Naturreis, Hülsenfrüchte, Gemüse, Beeren und Bananen machen satt und halten lange vor. Gut die Hälfte unserer täglichen Nahrung sollte aus kohlenhydratreichen Produkten bestehen. Kohlenhydratreiche Süßwaren, Kuchen und Kekse, Limonaden und Colagetränke sollten wegen der niedrigen Nährstoffdichte nur selten verzehrt werden. Ein Vollkornbrot mit etwas Butter, Käse, Obst oder Gemüse hält lange vor und liefert viele Vitalstoffe.

Eiweiß für Geist und Körper

Unserem Körper müssen wir täglich Eiweiß (Protein) zuführen. Es kommt in tierischen und pflanzlichen Nahrungsmitteln vor. Das aufgenommene Eiweiß wird in Aminosäuren zerlegt und in körpereigenes Eiweiß umgewandelt. Aminosäuren, die der Körper nicht selbst herstellen kann, müssen ihm mit der Nahrung zugeführt werden. Diese Aminosäuren nennt man lebenswichtig (essentiell). Etwa 15 Prozent der aufgenommenen Kalorienmenge soll aus Eiweiß bestehen. Die Kombination von tierischem und pflanzlichem Eiweiß wirkt sich besonders günstig auf unseren Körper aus. Nach diesen Erkenntnissen sind deshalb sinnvolle Zusammensetzungen:

Brot und Getreide mit Milch (Vollkornbrot mit Jogurt, Haferflockenbrei, Müsli mit Dickmilch, Milchreis, Grießbrei)

Kartoffeln mit Ei, Milch, Quark oder Käse (Bratkartoffeln mit Spiegelei, Kartoffelpüree, Pellkartoffeln mit Quark)

Hülsenfrüchte mit Getreide, Brot oder Ei (rote Linsen mit Reis, Linsensuppe mit Brot)

Fett macht fit und fett

Es gibt tierisches und pflanzliches Fett. Beide liefern gleich viel Kalorien, aber doppelt so viel wie Kohlenhydrate und Eiweiß. Deshalb sollte der Mensch auch nicht zu viel Fett verzehren. Wer sich fettarm ernähren will, verkneift sich öfter das Butterbrot und greift stattdessen zu Schoko- oder Müsliriegeln, die jedoch viel versteckte Fette und Zucker enthalten. Fette unterscheiden sich in ihrem Fettsäuremuster. Einige mehrfach ungesättigte Fettsäuren wie die Linolsäure sind lebensnotwendig. Tierische Fette, gehärtete Pflanzenfette und Kokosfett enthalten überwiegend gesättigte Fettsäuren. Einfach und mehrfach ungesättigte Fettsäuren helfen, den Cholesterinspiegel zu senken, diese hochwertigen Pflanzenöle (Distel-, Weizenkeim-, Sonnenblumen-, Soja-, Olivenöl) sollten Sie bevorzugen.

Vitamine und Mineralstoffe

Wir unterscheiden zwischen wasserlöslichen und fettlöslichen Vitaminen. Zu den wasserlöslichen gehören

die acht Vitamine des B-Komplexes sowie Vitamin C. Diese Vitamine sind enthalten in Getreide, Kartoffeln, Obst und Gemüse, Salat, Kräutern, Milch und Käse. Diese Nahrungsmittel dürfen nicht zu lange im Wasser liegen.

Zu den fettlöslichen Vitaminen gehören das Vitamin A, Betacarotin (Vitamin-A-Vorstufe) und die Vitamine D, E und K. Es ist empfehlenswert, Nahrungsmittel mit fettlöslichen Vitaminen mit etwas Fett zu verzehren. Vitamin A finden wir ausschließlich in tierischen Nahrungsmitteln. Betacarotin finden wir in allen grünen und orangefarbenen Gemüse- und Obstarten, Vitamin E in pflanzlichen Fetten und Ölen, Getreide, Nüssen und Gemüse. Vitamin D finden wir in Lebertran, aber auch in fettreichen pflanzlichen und tierischen Nahrungsmitteln wie Avocados, Nüssen und Eiern. Vitamin K ist enthalten in fettreichen Milchprodukten, Getreide sowie Kohl und Spinat.

Mineralstoffe sind anorganische Elemente, die der Mensch über seine Nahrung aufnehmen muss. Sie sind unverzichtbar für unser Blut, unsere Knochen, Nerven, Hormone und Muskeln sowie für zahlreiche andere lebensnotwendige Funktionen in unserem Körper. Weil in unserem Land sehr viele Menschen an Jodmangel leiden, wird jodiertes Speisesalz empfohlen.

Eine Zeitlang kann der Mensch ohne ausreichende Versorgung mit Vitaminen und Mineralstoffen leben. Aber irgendwann häufen sich die Infektionskrankheiten, die Konzentration lässt nach, die Haare fallen aus und werden stumpf, es können Zahnfleischentzündungen, Risse an den Mundwinklen, brüchige Fingernägel und Ekzeme entstehen. Durch ständigen Vitaminmagel kann es zu lebensbeeinträchtigenden Erkrankungen kommen.

Vitamine schützen vor freien Radikalen

Bei den freien Radikalen handelt es sich um aggressive Sauerstoffverbindungen, die in unserem Körper gebildet werden und ihm schaden können. Sie lassen die in unserem Körper vorhandenen ungesättigten Fettsäuren regelrecht schlecht werden, sie oxidieren. Daraus folgt eine Zerstörung der Zellwände bis hin zum Zelltod. Deshalb kommt der Ernährung als Lieferant natürlicher Antioxidantien, das sind Schutzstoffe gegen Sauerstoffradikale, eine wichtige Bedeutung zu. Die Vitamine Betacarotin, C und E können unsere Zellen vor den freien Radikalen schützen. Nahrungsmittel mit antioxidativen Eigenschaften sind u. a. Paprikaschoten, Zitrusfrüchte, Kartoffeln, Beeren, Nüsse und Samen, hochwertige Pflanzenöle und Avocados, Möhren, Aprikosen, Spinat, Brokkoli, Grünkohl, Tomaten, Mangos und Papayas.

Lebenselexier Wasser

Ein Mensch kann lange Zeit ohne feste Nahrung auskommen, aber ohne Wasser stirbt er nach zwei, drei Tagen. Die Flüssigkeit dient als Baustoff, Lösungsmittel, zur Temperaturregulation und transportiert in Form des Blutes die verschiedenen Stoffe durch den Körper. Wer erst zur Flasche greift, wenn er Durst verspürt, begeht einen Fehler. Unter normalen Bedingungen braucht der Mensch 1,5 bis 2 Liter Flüssigkeit am Tag. Bei hohen Temperaturen, bei schweißtreibender Arbeit und beim Sport muss die Flüssigkeitszufuhr erhöht werden. Empfehlenswert sind Leitungswasser, Mineralwasser, Kräutertee, Saftschorlen. Nicht empfohlen werden können Limonaden, Colagetränke, Alkohol, schwarzer Kaffee und Energydrinks. Und Milch ist kein Durstlöscher, sondern ein Nahrungsmittel.

Gemüse und Kartoffeln

Frisches Gemüse gibt es das ganze Jahr über zu kaufen. In den Wintermonaten sind es besonders die vitaminreichen Kohlsorten. Probieren Sie auch einmal frische rote Bete, Schwarzwurzeln und die Kohlrübe. Im Herbst und Winter schmeckt das Sauerkraut am besten. Kaufen Sie möglichst nur frisches Sauerkraut aus dem Fass. Besonders würzig und vitaminreich wird das Sauerkraut, wenn Sie nach dem Garen eine Handvoll frisches Sauerkraut unterrühren. Im Frühjahr kommen die ersten Radieschen, zarten Möhren und Erbsenschoten, junge Kohlräbchen, würziger Spinat und edler Spargel auf den Markt. Während das Wintergemüse häufig für kräftige Eintöpfe verwendet wird, sollte das junge Gemüse schonend gegart und mit einer leichten Sauce serviert werden. Im Sommer erfreuen die ersten neuen Kartoffeln die Feinschmecker. Das Gemüseangebot wird umfangreicher, Zwiebeln, Blumenkohl, Brokkoli, Zucchini, Artischocken, Pilze, Gurken, grüne Bohnen, dicke Bohnen, Okra, Staudensellerie, Mangold und Fenchel erlauben eine abwechslungsreiche Sommerküche. Im Herbst ist der Tisch üppig gedeckt. Viele Sommergemüse sind noch erhältlich und dazu gesellen sich Kürbis, Tomate, Paprika, Mais, Kartoffel, Süßkartoffel, Kohl, Lauch, Topinambur, Petersilienwurzel und Knollensellerie.

Kartoffeln gehören täglich auf den Tisch. Kaufen Sie bitte nicht immer nur die gleiche Sorte. Überall auf den Märkten werden große und kleine, schmale und knubbelige Kartoffeln aus der Region angeboten. Lernen Sie die unterschiedlichen Geschmacksrichtungen kennen. Fest kochende Sorten sind für Bratkartoffeln, Pellkartoffeln und Kartoffelsalat geeignet. Vorwiegend mehlig kochende Sorten eignen sich für Pellkartoffeln, Kartoffeleintöpfe und -aufläufe und Pommes frites. Für Salzkartoffeln, Kartoffelpüree, Kartoffelpuffer und Kartoffelsuppen verwenden Sie mehlig kochende Sorten.

Salate, Kräuter, Sprossen

Zu einer jungen und frischen Küche gehören Salate und würzige Kräuter. Das ganze Jahr über können wir die köstlichsten Salate kaufen. Der einst so beliebte Kopfsalat wurde von anderen Blattsalaten wie Lollo rosso und Lollo bianco, Eichblattsalat, Batavia, Frisée, Endivie, Eisberg und Romana verdrängt. In Herbst und Winter sind Feldsalat, Chicorée und Radicchio beliebte Vitaminspender. In letzter Zeit ist der Rucola, die Rauke, regelrecht zum Modesalat geworden. Wegen seiner Bitterstoffe ist der köstliche Löwenzahn nicht bei jedermann beliebt, er schmeckt am besten in gemischten Salaten.

Zu den Salatfrüchten zählen wir Tomate, Gurke, Fenchel, Paprikaschoten, Radieschen, Rettich und Zwiebeln, die sehr gut roh, aber natürlich auch gekocht als Gemüse ein Genuss sind. Für einen knackigen Rohkostteller sind außerdem Möhren, Knollensellerie, Staudensellerie, Kohlrabi, Weißkohl, Lauch, Spargel und Spinat geeignet.

Die beliebtesten Kräuter bei uns heißen Schnittlauch, Petersilie und Dill. Zahlreiche Küchenkräuter werden auch in kleinen Blumentöpfen angeboten. Schauen Sie sich einmal um, dann entdecken Sie grünes und rotes Basilikum, Salbei, Estragon, Lavendel, Liebstöckel, Kerbel, Koriander, Pfefferminz, Thymian, Rosmarin, Majoran, Oregano, Zitronenthymian, Zitronenmelisse und Zitronengras. Essbar sind übrigens auch die Blüten der Kräuter. Samenhandlungen führen alle beliebten Küchenkräuter, und es gibt eine Samenmischung mit essbaren Blüten. Frische zarte Kräuter werden nie mitgekocht, Ausnahmen sind Rosmarin, Thymian und Lorbeer. Alle frischen Kräuter gibt es auch getrocknet und gefriergetrocknet im Handel. Sie werden sparsamer verwendet als frische Kräuter, weil ihr Geschmack intensiver ist.

Frische und getrocknete Kräuter sind nicht nur eine optische Zier fast jeden Gerichts, Süßspeisen nicht ausgenommen. Kräuter ersetzen häufig das Salz, sie bringen das Aroma von Gemüse und Saucen erst richtig zur Geltung und sind für manche kulinarische Überraschung gut.

Sprossen lassen sich leicht zu Hause ziehen. In Reformhäusern und Bioläden finden Sie dafür die geeigneten Geräte und Samen. Sojabohnensprossen, Alfalfasprossen und Sprossenmischungen gibt es auch im Gemüsefachhandel. Versuchen Sie einmal Rettichsprossen, Radieschensprossen, Senfsprossen, Sonnenblumen- und Kürbiskernsprossen. Auch Hülsenfrüchte, Sonnenblumen- und Kürbiskerne eignen sich zur Sprossenzucht. Alfalfasprossen sowie Sprossen von Hülsenfrüchten sollten der besseren Bekömmlichkeit wegen einige Minuten erhitzt werden. Selbst gezogene Sprossen sind ein unbelastetes Nahrungsmittel. Wagen Sie den Versuch, die Samen müssen lediglich zweimal am Tag mit frischem Wasser versorgt werden und nach drei, vier Tagen können Sie wohlschmeckende und vitaminreiche Sprossen genießen.

Obst und Beeren

Alle Früchte, die nicht geschält werden müssen, werden, bis auf Himbeeren, unter fließendem Wasser gewaschen und mit einem Tuch trockengerieben. Kleinere Früchte wie Beeren gut abtropfen lassen. Empfindliche Menschen sollte hartschalige Früchte wie Äpfel und Birnen mit einem Sparschäler schälen. Obst und Beeren schmecken am besten frisch und roh, sie können aber auch in wenig Fruchtsaft, Wasser oder Wein gegart werden. Kaufen Sie die Früchte, wenn sie im Überfluss, also zur Erntezeit, auf dem Markt sind. Erdbeeren, Aprikosen und Kirschen im Dezember haben einen weiten Weg hinter sich, sind teuer und oft fehlt es ihnen an Aroma. Exotische Früchte bieten eine willkommene Abwechslung im Obstkorb. Ananas, Banane, Kiwi, Karambole, Mango, Papaya, Litschi, Melone und Zitrusfrüchte enthalten viele Vitalstoffe.

Alle Früchte sind reich an Sekundärnährstoffen, die sich wohltuend auf den menschlichen Organismus auswirken. Deshalb sind frische Produkte den Vitamintabletten vorzuziehen.

Getreide und Hülsenfrüchte

Im Getreide finden wir alle Stoffe, die der Mensch braucht, lediglich Vitamin C fehlt. Es versorgt unseren Organismus mit Kohlenhydraten, Ballaststoffen, Eiweiß, Fett, Vitaminen und Mineralstoffen. Der technische Fortschritt hat es ermöglicht, dass das Getreide so fein gemahlen werden kann, bis es weiß – und nährstoffarm ist. Deshalb sollten Sie vorzugsweise Vollkornmehl und Brot und Gebäck aus Vollkornmehl verzehren. Mehl der Type 450 enthält fast gar keine Nährstoffe, je höher die Typenzahl, desto vitalstoffreicher das Mehl. Vollkornmehl enthält alle Nährstoffe des Keims, der Schale und des Kerns. Mit ganzen, geschroteten und gemahlenen Getreidekörnern lassen sich wunderbare Gerichte zaubern. Schauen Sie sich doch einmal im Reformhaus oder im Bioladen um. Dort gibt es neben Weizen, Gersten, Roggen und Hafer auch Dinkel, Grünkern (unreifer, gedarrter Dinkel), Buchweizen, Kamut (eine alte Weizenart), Hirse und Quinoa. Vor Ort können Sie sich das Getreide schroten oder mahlen lassen. Dieses Mehl muss sofort verarbeitet werden, weil es wegen des fetthaltigen Keims ranzig werden kann.

Hülsenfrüchte sind immer erhältlich, preiswert und reich an Kohlenhydraten, Ballaststoffen, Eiweiß, Vitaminen und Mineralstoffen. Groß ist die Auswahl bei den Bohnen: kleine und große weiße Bohnen, Wachtelbohnen, verschiedene rote Bohnen, schwarze Bohnen, hellgrüne Flageoletbohnen, Sojabohnen und Mungbohnen. Bei den Linsen kennen wir die zarten roten, die großen Tellerlinsen, Berglinsen, schwarze und grüne Linsen sowie die zarten Champagnerlinsen. Beliebt für winterliche Eintöpfe sind getrocknete Erbsen, die geschält und ungeschält in den Handel kommen. Wer sie einmal probiert hat, wird sie immer wieder gern verwenden: die runden Kichererbsen mit ihrem nussigen Geschmack. Bohnen, ungeschälte Erbsen und Kichererbsen werden am besten über Nacht eingeweicht und am folgenden Tag in frischem Salzwasser gegart. Linsen können, müssen aber nicht eingeweicht werden, allerdings verkürzt ein mehrstündiges Einweichen die Kochzeit.

Milch, Käse und Eier

Milch macht munter, Milch macht schön und Milch ist sehr gesund! Die calciumhaltige und eiweißreiche Milch ist nicht nur ein unentbehrliches Nahrungsmittel. Aus Milch entstehen so köstliche Delikatessen wie Jogurt, Sauermilch, Kefir, Buttermilch, Sahne, Butter und rund 1000 Käsesorten. Rohmilch ist nur ein bis zwei Tage haltbar, frische Vollmilch etwa eine Woche, es gibt inzwischen auch frische Milch, die im Kühlschrank rund 14 Tage hält. H-Milch ist ungekühlt bis zu 3 Monaten haltbar. Mindestens 1/4 Liter Milch sollte jeder Mensch täglich trinken. Wer Vollmilch nicht verträgt, weicht auf gesäuerte Milchprodukte aus.

Käse ist mehr als ein leckerer Brotbelag. Unter den zahlreichen Sorten findet jeder seinen Lieblingskäse. Käse wird am besten im Gemüsefach des Kühlschranks aufbewahrt und 30 Minuten vor dem Verzehr in die Küche gestellt. Wer mit Käse überbacken will, wählt einen Käse mit mehr als 45 % F. i. d. Tr. Diese Angabe besagt, dass in der Trockenmasse 45 % Fett enthalten sind. 100 g von einem Hartkäse wie Emmentaler mit 45 % F. i. d. Tr. enthält mehr Fett als 100 g von einem feuchten Camembert mit 45 % F. i. d. Tr. Mit Käse kann man überbacken, dicke Käsescheiben können wie Schnitzel paniert und gebraten werden, geriebener Käse gehört zur Pasta wie der Dom nach Köln. Käse verfeinert Füllungen, Suppen und Eintöpfe und er

krönt jede Pizza und Quiche und er schmeckt auf Brot und zum Wein.

Eier sind ein kleines Kraftpaket unter zerbrechlicher Schale. Sie sollten immer so frisch wie möglich sein und am besten von Hühnern aus Bodenhaltung stammen. Eier werden stets im Kühlschrank aufbewahrt. Sie sind so vielfältig in der Verwendung, dass man ein ganzes Buch mit Eierrezepten füllen könnte. Denken Sie nur einmal an so köstliche Dinge wie ein Omelette mit frischen Pilzen, ein Rührei mit Kräutern, Pfannkuchen, mexikanische Eier, Eiersalat, gefüllte Eier, Soleier, oder denken Sie an die unwiderstehlichen Desserts, Kuchen und Torten, die ohne Eier ziemlich schrecklich schmecken würden. Eier werden nach Gewichtsklassen unterschieden: S bezeichnet das kleinste Ei, M ein normalgroßes Ei, L ein großes Ei und XL ein richtiges dickes Ei.

Gewürze

Einst haben sich ganze Völker um Pfeffer, Piment und Zimt bekriegt. Heute können wir fast jedes noch so exotische Gewürz für ein paar Mark erwerben. In zahlreichen Küchen heißen die Hauptgewürze Salz, Pfeffer, Paprikapulver, Kümmel, Muskat, Curry und Zimt. Damit lässt es sich ganz gut würzen, aber geben Sie dem Kochwasser für Möhren doch einmal zusätzlich ein Stück Sternanis oder ein kleines Stückchen Zimtrinde bei, verfeinern Sie Suppen und Eintöpfe mit Pimentkörnern, Wacholderbeeren und Koriandersamen, seien Sie verschwenderisch mit Lorbeerblättern. Geben Sie einem Vanillepudding mit einer Prise Safran eine wunderschöne appetitliche gelbe Farbe.

Ganze Gewürze behalten länger ihr einmaliges Aroma als in pulverisierter Form. Pfefferkörner, Koriander- und Kardamomsamen, Anis und Fenchel, Senfkörner, Gewürznelken, Kreuzkümmel und die scharfen Chilischoten werden gemahlen oder im Mörser zerstoßen, sie können aber auch im Ganzen mitgekocht werden. Das Aroma dieser Gewürze wird verstärkt, wenn sie kurz in einer Pfanne geröstet werden. Wer seinen Speisen einen ganz besonderen Pfiff geben möchte, versammelt in einer guten Gewürzmühle Lorbeerblätter, verschiedene Pfefferkörner, Sternanis, Koriander, Kardamom, Gewürznelken, Zimtrinde und grob zerkleinerte Muskatnuss. Ein Hauch von dieser oder einer anderen Gewürzmischung verleiht jedem Gericht einen aufregenden neuen Geschmack. Zu den frischen Gewürzen gehören Ingwer, Kapern, Knoblauch, Meerrettich, Zitronengras und Zwiebeln, die klein gehackt oder gerieben zahlreichen Gerichten erst die besondere Note verleihen. Wenn Sie ein Gewürz noch nicht kennen, verwenden Sie es zunächst sparsam. Wenn Ihnen der Geschmack gefällt, dann nehmen Sie beim nächsten Mal etwas mehr. Seien Sie ruhig mutig und gehen Sie kreativ mit den Gewürzschätzen des Okzidents und Orients um. Aber vergessen Sie nicht: Der Eigengeschmack der Speise darf nicht übertönt werden.

Vitaminschonendes Garen

Durch zu langes Garen werden viele Nährstoffe zerstört. Gemüse wird am besten schonend über Dampf gegart. Heute finden Sie in Haushaltswarengeschäften eine Reihe von verschiedenen großen Dampfgartöpfen,

bzw. Einsätzen, mit denen Sie in Ihren Töpfen über Wasserdampf garen können. Inzwischen gibt es auch spezielle Dampfgargeräte für größere Mengen. Wenn Sie Gemüse in Salzwasser garen, nehmen Sie so wenig Wasser wie möglich. Wer seinen Herd und die Kochtöpfe gut kennt, kann Gemüse mit so wenig Wasser garen, dass zum Schluss nur noch einige Tropfen auf dem Topfboden vorhanden sind. Gemüse sollte nie zu lange im geschlossenen Topf gegart werden. Bissfest schmeckt es am besten.

Vorrat anlegen

Kaufen Sie nur soviel Obst und Gemüse, wie Sie in wenigen Tagen verzehren können. Mit jedem Tag mehr

verliert das Gemüse seine Vitamine. Verschrumpelte Äpfel, angeschlagene und matschige Birnen, schimmlige Himbeeren und Erdbeeren, gummiweiche Möhren und Spargelstangen sowie welke Kohlköpfe und Kräuter haben auf dem Teller und im Kochtopf nichts zu suchen. Überlagertes Obst und Gemüse lieber im Regal liegen lassen und stattdessen tiefgefrorene Ware kaufen.

Feste Früchte können bei Zimmertemperatur gelagert werden, Beeren am besten im Kühlschrank. Zarte Früchte wie Kirschen, Weintrauben und Pflaumen werden am besten sofort oder am nächsten Tag verzehrt. Exotische Früchte sind wegen ihrer festen Haut bzw. Schale bis zu einer Woche bei Zimmertemperatur haltbar. Festes Gemüse wie Kohl und Rüben aller Art, Kürbis, Zucchini, Auberginen, Paprika und grüne Bohnen sind einige Tage im Gemüsefach des Kühlschranks haltbar, zarte Gemüse wie Spargel und Spinat sollten am gleichen Tag zubereitet werden. Blattsalate möglichst auch am gleichen Tag verzehren. Die zarten Salatblätter können aber auch geputzt und gewaschen in verschließbaren Kunststoffschüsseln oder Plastikbeuteln im Kühlschrank ein, zwei Tage aufbewahrt werden. Frische Kräuter werden gewaschen, angeschnitten und in täglich wechselndes Wasser gestellt. Frische Kräuter können auch am Fensterbrett, auf dem Balkon und im Garten gezogen werden.

Kartoffeln lagern am besten im kühlen Keller oder werden wöchentlich auf dem Markt gekauft. Wenn zu Beginn des Jahres die Kellerkartoffeln zu keimen beginnen, sollten sie nicht mehr verzehrt werden.

Nährmittel wie Zucker, Mehl, Grieß, Nudeln, Reis, Puddingpulver, Saucenbinder, Backzutaten, Nüsse und Samen sollten getrennt in verschließbaren Behältern aufbewahrt werden und von Zeit zu Zeit auf Schädlinge untersucht werden. Schnell hat sich eine Mehlmotte oder eine Made im Schrank versteckt und ihre Nachkommen finden nun ausreichend Nahrung. In Reformhäusern finden Sie einfache und wirkungsvolle Schädlingsfallen, die an der Schranktür angebracht werden.

Lassen Sie sich anregen von unseren appetitlichen Vorschlägen. Und probieren Sie die unwiderstehlichen Rezepte aus vitaminreichem Gemüse, Kartoffeln und Obst, Milch und Käse, Nüssen, Samen und Getreide. All das schmeckt und macht obendrein durch die zahlreichen Vitalstoffe gesund und fit für den Alltag.

	Anteil in jeweils 100 g	Energie (kcal)	Eiweiß (g)	Fett (g)	Kohlenhydrate (g)	Cholesterin (mg)	Magnesium (mg)	Calcium (mg)	Eisen (mg)	Vitamin A (µg)	Vitamin E (mg)	Vitamin C (mg)
KRÄUTER	**Brunnenkresse**	18,7	1,6	0,3	2,0	0,0	34,0	180,0	3,1	692,0	1,0	51,0
	Petersilie	52,6	4,4	0,4	7,4	0,0	41,0	245,0	5,5	902,0	3,7	166,0
	Schnittlauch	27,3	3,6	0,6	1,6	0,0	44,0	129,0	1,9	50,0	1,6	47,0
SALAT	**Feldsalat**	14,4	1,8	0,4	0,7	0,0	13,0	35,0	2,0	650,0	0,6	35,0
	Kopfsalat	11,7	1,3	0,2	1,1	0,0	11,0	37,0	1,0	240,0	0,6	13,0
GEMÜSE	**Aubergine**	17,5	1,2	0,2	2,5	0,0	11,0	13,0	0,4	7,0	0,0	2,8
	Blattspinat, gegart	16,0	2,3	0,3	0,4	0,0	36,0	123,0	3,2	723,0	1,4	24,1
	Bohnen	25,4	2,4	0,2	3,2	0,0	25,0	63,0	0,8	56,0	0,1	12,2
	Brokkoli	23,2	3,2	0,2	1,9	0,0	23,0	112,0	1,2	137,0	0,7	61,1
	Erbsen	81,8	6,6	0,5	12,3	0,0	33,0	24,0	1,8	72,0	0,3	25,0
	Fenchel	24,6	2,4	0,3	2,8	0,0	49,0	109,0	2,7	783,0	6,0	93,0
	Gurke	12,2	0,6	0,2	1,8	0,0	8,0	15,0	0,5	66,0	0,1	8,0
	Knoblauch	141,9	6,1	0,1	28,4	0,0	35,0	38,0	1,4	0,0	0,0	14,0
	Kartoffel	70,3	2,0	0,1	14,6	0,0	19,0	6,0	0,4	1,0	0,1	12,3
	Lauch	23,0	2,3	0,3	2,5	0,0	12,0	93,0	0,8	168,0	0,6	12,1
	Möhre	25,8	1,0	0,2	4,8	0,0	18,0	41,0	2,1	1574,0	0,5	7,0
	Paprika	20,3	1,2	0,3	0,3	0,0	12,0	11,0	0,7	180,0	2,8	77,2
	Sellerie	16,7	1,2	0,2	2,2	0,0	12,0	80,0	0,5	483,0	0,2	7,0
	Spargel	14,6	1,7	0,1	1,4	0,0	11,0	25,0	0,5	79,0	2,0	9,0
	Tomate	19,6	1,1	0,2	2,9	0,0	15,0	16,0	0,5	94,0	1,0	15,2
	Zucchini	19,1	1,6	0,4	2,0	0,0	22,0	30,0	1,5	58,0	0,5	16,0
	Zwiebel	28,0	1,3	0,3	4,9	0,0	11,0	31,0	0,5	1,0	0,1	8,1
OBST	**Ananas**	58,9	0,5	0,2	13,1	0,0	17,0	16,0	0,4	10,0	0,1	19,0
	Apfel	51,9	0,3	0,4	11,4	0,0	6,0	7,0	0,5	8,0	0,5	12,0
	Aprikose	42,3	0,9	0,1	8,5	0,0	10,0	17,0	0,6	298,0	0,5	9,0
	Banane	95,2	1,1	0,2	21,4	0,0	36,0	9,0	0,6	38,0	0,3	12,0
	Birne	52,4	0,5	0,3	12,4	0,0	7,0	9,0	0,3	3,0	0,4	5,0
	Erdbeere	32,1	0,8	0,4	5,5	0,0	15,0	25,0	1,0	8,0	0,1	65,0
	Himbeere	34,0	1,3	0,3	4,8	0,0	30,0	40,0	1,0	3,0	0,9	25,0
	Nektarine	56,9	0,9	0,1	12,4	0,0	10,0	4,0	0,5	73,0	0,5	8,0
	Pfirsich	40,7	0,8	0,1	8,9	0,0	9,0	7,0	0,5	73,0	1,0	10,0
	Weintrauben	71,1	0,7	0,3	15,6	0,0	9,0	18,0	0,5	4,0	0,7	4,0
	Haselnuss	636,8	12,0	61,6	10,5	0,0	155,0	225,0	3,8	5,0	26,3	3,0

	Anteil in jeweils 100 g	Energie (kcal)	Eiweiß (g)	Fett (g)	Kohlenhydrate (g)	Cholesterin (mg)	Magnesium (mg)	Calcium (mg)	Eisen (mg)	Vitamin A (µg)	Vitamin E (mg)	Vitamin C (mg)
NÜSSE	Mandeln	570,0	18,7	54,1	3,7	0,0	220,0	250,0	4,1	20,0	26,1	0,8
	Paranuss	661,0	13,6	66,8	3,5	0,0	160,0	132,0	3,4	0,0	7,6	0,7
	Walnuss	655,0	14,4	62,5	10,6	0,0	130,0	87,0	2,5	8,0	6,0	2,6
MILCH & KÄSE	Camembert	288,8	21,0	22,8	0,0	70,0	20,0	500,0	0,3	362,0	0,5	0,0
	Feta	236,8	17,0	18,8	0,0	45,0	25,0	450,0	0,6	228,0	0,5	0,0
	fettarme Milch	48,6	3,4	1,6	4,9	6,0	12,0	120,0	0,1	14,0	0,0	1,0
	Jogurt (1 %)	38,0	4,3	0,1	4,2	1,0	13,0	140,0	0,1	1,0	0,0	1,0
	Kefir	49,8	3,4	1,5	4,1	6,0	12,0	120,0	0,1	22,0	0,0	1,0
	Mozzarella	255,0	19,0	19,8	0,0	46,0	20,0	403,0	0,3	297,0	0,6	0,0
	Parmesan	440,0	32,3	34,8	0,0	82,0	44,0	1200,0	0,6	415,0	1,0	0,0
	Schafskäse	236,8	17,0	18,8	0,0	45,0	25,0	450,0	0,6	228,0	0,5	0,0
ÖLE & FETTE	Olivenöl	882,5	0,0	99,6	0,2	1,0	0,0	1,0	0,1	157,0	12,1	0,0
	Pflanzenöl	883,5	0,0	99,8	0,0	1,0	1,0	1,0	0,0	4,0	62,5	0,0
	Sesamöl	881,6	0,2	99,5	0,0	1,0	0,0	10,0	0,1	0,0	3,5	0,0
	Sojaöl	872,7	0,0	98,6	0,0	2,0	0,0	0,0	0,0	583,0	17,0	0,0
	Sonnenblumenöl	883,5	0,0	99,8	0,0	1,0	1,0	1,0	0,0	4,0	62,5	0,0
	Butter	741,9	0,7	83,2	0,6	240,0	3,0	13,0	0,1	653,0	2,0	0,2
	Eigelb	349,0	16,1	31,9	0,3	1260,0	16,0	140,0	7,2	886,0	5,7	0,0
	Eiweiß	49,8	11,1	0,2	0,7	0,0	12,0	11,0	0,2	0,0	0,0	0,3

Frühstück & Snacks

Jogurt mit Früchten

Die erste Mahlzeit des Tages sollte möglichst leicht und abwechslungsreich sein. Jogurt mit frischen Früchten ist im Nu vorbereitet und lässt sich, dem Obstangebot der Saison entsprechend, immer wieder neu zusammenstellen.

125 g fettarmer Jogurt (1,5 %)
1 Teelöffel Ahornsirup
1 Teelöffel Haferkleie
50 g Brombeeren
1⁄2 Banane
1 Teelöffel Zitronensaft
1 Kiwi
2 Esslöffel Haferflocken

❶ Jogurt, Ahornsirup und Haferkleie in einen tiefen Teller geben und alles gut verrühren. Brombeeren waschen und trockentupfen. Banane schälen, in Scheiben schneiden und mit Zitronensaft beträufeln. Kiwi schälen und ebenfalls in Scheiben schneiden.

❷ Obstscheiben und Beeren über den Jogurt verteilen. Haferflocken in einer beschichteten Pfanne ohne Fett hellbraun rösten, abkühlen lassen und über die Früchte streuen.

Für 1 Person, pro Portion ca. 290 kcal

Nektarinenjogurt

Ein fruchtiges Frühstück, das schnell zubereitet ist und das anstatt mit Nektarine auch mit einer halben Mango köstlich schmeckt.

1 reife Nektarine
125 g fettarmer Jogurt (1,5 %)
1 Esslöffel Ahornsirup
2 Esslöffel Haferflocken
1 Teelöffel Mandelblättchen

❶ Nektarine gründlich waschen, trockentupfen, vom Kern befreien und in einem hohen Becher mit dem Mixstab pürieren. Jogurt unterrühren und mit Ahornsirup abschmecken.

❷ Haferflocken in einer Pfanne ohne Fett anrösten, kurz abkühlen lassen und unter die Jogurtcreme heben. Nektarinenjogurt in eine Müslischale geben und mit Mandelblättchen bestreuen.

Für 1 Person, pro Portion ca. 280 kcal

Dreikornmüsli mit Dickmilch

Die einzelnen Zutaten für das Dreikornmüsli erhält man im Naturkostladen oder im Reformhaus. Von der Müslimischung kann man auch eine größere Menge im Voraus zubereiten, die sich in einem gut verschlossenen Schraubglas bis zu vier Wochen aufbewahren lässt.

❶ Weizen-, Dinkel- und Gerstenflocken in eine große Müslischale geben und gut mischen, Honigpops und Rosinen zugeben.

❷ Sonnenblumenkerne in einer beschichteten Pfanne ohne Öl kurz anrösten, abkühlen lassen und zur Flockenmischung geben.

❸ Apfel schälen, halbieren, vom Kerngehäuse befreien. Apfelhälften fein reiben und zur Müslimischung geben. Dickmilch darüber verteilen, gut verrühren und einige Minuten ziehen lassen. Vor dem Servieren mit den Haselnüssen garnieren.

Für 1 Person, pro Portion ca. 360 kcal

1 Esslöffel Weizenflocken
1 Esslöffel Dinkelflocken
1 Esslöffel Gerstenflocken
1 Esslöffel Honigpops (gepuffter Weizen, mit Honig gesüßt)
1 Teelöffel Rosinen
1 Teelöffel Sonnenblumenkerne
1/2 Apfel
125 g Dickmilch
4–5 Haselnusskerne

Zimtmüsli mit Himbeeren

Ein Müsli, das am Morgen schnell vorbereitet ist und köstlich schmeckt. Anstatt der Himbeeren kann man auch Heidelbeeren oder Brombeeren verwenden.

3 Esslöffel Haferflocken
2 Msp. Zimt
1 Teelöffel Ahornsirup
1 Esslöffel Cornflakes
3 Esslöffel Magerquark
2 Esslöffel fettarme Milch (1,5 %)
1 Teelöffel Mandelblättchen
1–2 Esslöffel Himbeeren

❶ Haferflocken, Zimt und Ahornsirup in einen tiefen Teller geben und alles gut verrühren. Cornflakes dazugeben und nochmals gut mischen.

❷ Magerquark und Milch in eine kleine Schüssel geben, glatt rühren und über die Flockenmischung geben. Mit Mandelblättchen bestreuen.

❸ Himbeeren waschen, trockentupfen und das Müsli damit garnieren.

Für 1 Person, pro Portion ca. 260 kcal

Obstmüsli

Ein fruchtiges Müsli ist der ideale Start in den Tag: Frisches Obst liefert Vitamine und Mineralstoffe, und Getreideflocken sorgen für die nötige Energie, die der Körper am Morgen braucht.

1 Esslöffel Walnusskerne
1 Esslöffel Beeren, z. B. Erdbeeren oder Brombeeren
1/2 Banane
1/2 Birne
1 Teelöffel Zitronensaft
3 Esslöffel Dinkelflocken
1 kleiner Becher fettarmer Jogurt (1,5 %)
1 Prise Zimt
1 Teelöffel Honig

❶ Walnusskerne grob hacken. Beeren waschen und putzen. Banane schälen, Birne waschen und putzen. Obst in mundgerechte Stücke schneiden, in eine Müslischale geben und Zitronensaft darüber träufeln.

❷ Dinkelflocken in einer beschichteten Pfanne ohne Öl kurz anrösten, abkühlen lassen und über das Obst streuen.

❸ Jogurt, Zimt und Honig in eine kleine Schüssel geben, alles gut verrühren und über das Obst und die Dinkelflocken geben. Grob gehackte Walnusskerne über das Müsli streuen und einige Minuten ziehen lassen.

Für 1 Person, pro Portion ca. 415 kcal

Frischkornmüsli mit Erdbeeren

Für die Müslizubereitung ist eine Getreidemühle besonders praktisch, denn die Getreidekörner lassen sich frisch mahlen, so dass alle wichtigen Inhaltsstoffe erhalten bleiben. Geschrotetes Getreide erhält man aber auch im Reformhaus oder Naturkostladen – der Haferschrot für dieses Müsli wird mit Apfelsaft über Nacht eingeweicht.

2 Esslöffel Haferschrot
100 ml ungezuckerter Apfelsaft
100 g fettarmer Jogurt (1,5 %)
1 Esslöffel Hagebuttenmark
1 Teelöffel Sanddornsaft
100 g Erdbeeren
1 Esslöffel Sonnenblumenkerne

❶ Haferschrot in eine große Müslischale geben, mit Apfelsaft übergießen und über Nacht quellen lassen.

❷ Jogurt, Hagebuttenmark und Sanddornsaft in eine Schüssel geben und gut verrühren. Haferschrot zugeben und nochmals gründlich mischen.

❸ Erdbeeren halbieren, auf die Jogurt-Hafer-Mischung geben und vorsichtig unterheben. Müsli mit Sonnenblumenkernen bestreuen.

Für 1 Person, pro Portion ca. 330 kcal

Quark mit Knusperflocken

Magerquark ist der ideale Fitmacher am Morgen – er enthält wenig Fett und viel Eiweiß. Flockenmischungen wie beispielsweise Weizen, Dinkel und Gerste bekommt man im Naturkostladen oder Reformhaus.

150 g Magerquark
1 Teelöffel Vanillezucker
2 Esslöffel fettarme Milch (1,5 %)
1 Esslöffel Waldhonig
2 Esslöffel Getreideflockenmischung
1 Esslöffel Kokosraspel

❶ Magerquark mit Vanillezucker und Milch in eine Glasschale geben und glatt rühren.

❷ Honig in einer kleinen beschichteten Pfanne vorsichtig erhitzen, Flockenmischung zugeben und unter Rühren goldbraun rösten. Pfanne vom Herd nehmen, Honigflocken leicht abkühlen lassen und über den Quark geben. Mit Kokosraspeln bestreuen.

Für 1 Person, pro Portion ca. 330 kcal

Erdbeerbrot

Ein köstliches und leichtes Frühstück für alle Erdbeerfans: Vollkornbrot mit Frischkäse und einer dicken Schicht Erdbeerscheiben, die raffiniert-pikant mit etwas Pfeffer gewürzt werden.

- 2 Scheiben Roggenvollkornbrot
- 2 Teelöffel fettreduzierter Frischkäse
- 150 g Erdbeeren
- 1 Teelöffel Zitronensaft
- frisch gemahlener schwarzer Pfeffer
- 1 Teelöffel frische Minze

1. Roggenvollkornbrot mit Frischkäse bestreichen. Erdbeeren waschen, trockentupfen, von den Stielansätzen befreien. Erdbeeren in Scheiben schneiden und mit Zitronensaft beträufeln.

2. Erdbeerscheiben auf die Brote legen. Mit frisch gemahlenem Pfeffer würzen. Minzblättchen waschen, trockentupfen und fein hacken. Die Erdbeerbrote damit bestreuen.

Für 1 Person, pro Portion ca. 175 kcal

Birnenquark mit Knäckebrot

Quark ist die ideale Basis für ein leichtes Frühstück, er lässt sich mit Früchten und Getreideflocken vielseitig variieren und enthält kaum Fett. Die Bierhefeflocken erhält man im Reformhaus oder Naturkostladen, sie liefern B-Vitamine – die unter anderem wichtig für die Blutbildung sind.

- 200 g Magerquark
- 2 Esslöffel fettarme Milch (1,5 %)
- 1 Birne
- 1 Teelöffel Honig
- 1 Esslöffel Dinkelflocken
- 1 Teelöffel Hefeflocken
- 2 Scheiben Sesamknäckebrot

1. Magerquark und Milch in eine Schüssel geben und glatt rühren. Birne waschen, vierteln, vom Kerngehäuse befeien. Fruchtfleisch in Würfel schneiden und unter den Quark heben.

2. Quarkmischung mit Honig süßen und Dinkelflocken zugeben, alles einige Minuten ziehen lassen.

3. Birnenquark in ein Schälchen geben und mit Hefeflocken bestreuen. Mit Knäckebrot servieren.

Für 1 Person, pro Portion ca. 410 kcal

1 Scheibe Vollkornzwieback
2 Esslöffel Hüttenkäse
1/2 kleine Banane
2–3 Haselnusskerne
evtl. etwas Honig
1 Scheibe Vollkornbrot
1 Tomate
3 Stängel Petersilie
Salz
frisch gemahlener Pfeffer

Bananenzwieback und Tomatenbrot

Ein süßes und ein pikantes Brot mit vielen wichtigen Nährstoffen und wenig Fett. Anstatt der Banane kann man zum Beispiel auch ein Stück Pfirsich auf den Zwieback legen.

❶ Vollkornzwieback mit 1 Esslöffel Hüttenkäse bestreichen. Banane schälen, in Scheiben schneiden und darauf legen. Haselnusskerne in Blättchen schneiden und über die Banane geben. Nach Belieben mit etwas Honig süßen.

❷ Vollkornbrot mit dem restlichen Hüttenkäse bestreichen. Tomate waschen, vom Stielansatz befreien, in Achtel schneiden und auf das Brot legen. Etwas Petersilie waschen, Blättchen fein hacken und darüber streuen. Mit wenig Salz und frisch gemahlenem Pfeffer würzen.

❸ Bananenzwieback und Tomatenbrot auf einem großen Teller anrichten.

Für 1 Person, pro Portion ca. 310 kcal

800 g reife süße Tomaten
2 rote Zwiebeln
1 Bund glatte Petersilie
500 ml Jogurt (Fettstufe)
Zucker
Salz
Cayennepfeffer
Paprikapulver, edelsüß
1 Esslöffel Zitronensaft
1 Fladenbrot

Fladenbrot mit Tomaten-Jogurt

Ein Döner der vegetarischen Art: Es empfiehlt sich allerdings, ihn auf Tellern und mit Besteck zu servieren – so kann man die erfrischende Jogurt-Sauce am besten vollständig mit dem Brot genießen.

❶ Tomaten in feine Würfel, abgezogene Zwiebeln in hauchdünne Ringe schneiden. Petersilie grob zerschneiden.

❷ Jogurt in einer Schüssel mit dem Schneebesen kräftig glatt rühren. Tomatenwürfel, Zwiebelringe, Petersilie, Zucker und Gewürze untermischen. Mit Zitronensaft abschmecken.

❸ Fladenbrot achteln und aufschneiden. Brote auf vier Teller verteilen und mit dem Tomaten-Jogurt füllen.

Für 4 Personen, pro Portion ca. 131 kcal

Honig-Tomaten aus dem Ofen

Eine süße Verführung: Der Honig rundet den Eigengeschmack der Tomate auf zarte Weise ab, pikant wird das Gericht zudem durch Estragon, Salz und Pfeffer.

Butter für die Auflaufform
8 große reife Tomaten
4 Esslöffel Paniermehl
2 Teelöffel Salz
2 Teelöffel weißer Pfeffer
1 Msp. Estragon
4 Esslöffel Honig
40 g Butter

❶ Backofen auf 200 °C vorheizen; eine große Auflaufform gründlich buttern.

❷ Von den Tomaten auf der dem Stielansatz gegenüberliegenden Seite einen Deckel abschneiden, so dass die Fruchtkammern geöffnet sind. Tomaten mit der Schnittfläche nach unten auf Küchenkrepp setzen, damit Kerne und Flüssigkeit austreten können; mit einer Messerspitze vorsichtig nachhelfen. Ausgetropfte Tomaten mit dem Stielansatz nach unten in die Auflaufform setzen.

❸ Paniermehl mit Salz, Pfeffer und Estragon vermischen. Honig in die Tomaten füllen, Paniermehl-Mischung darüber geben. Jede Tomate mit 1 Teelöffel Butter krönen und den Deckel wieder aufsetzen.

❹ Honig-Tomaten ca. 20 Minuten im Backofen garen. Anschließend ca. 5 Minuten bei 250 °C unter den Grill stellen. Heiß servieren.

Für 4 Personen, pro Portion ca. 210 kcal

Frischkäsebrot mit Apfel

Äpfel sollte man bekanntermaßen täglich verspeisen, da sie viele wichtige Vitamine und Mineralstoffe enthalten. Mit diesem Frühstück ist also der gesunde Start in den Tag schon gewährleistet!

100 g Hüttenkäse
1 Esslöffel Sanddornsaft
1 Esslöffel Kokosraspel
1 Prise Zimt
1 Apfel
1 Teelöffel Zitronensaft
1 Scheibe Weizenvollkornbrot

❶ Hüttenkäse, Sanddornsaft, Kokosraspel und Zimt in eine Schüssel geben und alles verrühren.

❷ Apfel waschen, vierteln, vom Kerngehäuse befreien. Apfelviertel in dünne Scheiben schneiden und mit Zitronensaft beträufeln.

❸ Vollkornbrot mit Hüttenkäse bestreichen und mit Apfelscheiben belegen.

Für 1 Person, pro Portion ca. 340 kcal

Käsebrot mit Apfel

Eine pikante Variante für alle, die es am Morgen nicht so süß mögen: Das Vollkornbrot mit Frischkäseaufstrich sättigt und gibt Schwung für den ganzen Tag.

1 Scheibe Vollkornbrot
20 g fettreduzierter Frischkäse
etwas Paprikapulver
1 Esslöffel Kresse
1 Esslöffel Sonnenblumenkerne
1 Apfel

❶ Vollkornbrot mit Frischkäse bestreichen und etwas Paprikapulver darüber geben.

❷ Kresse waschen und trockentupfen. Sonnenblumenkerne und Kresse auf dem Brot verteilen.

❸ Apfel waschen, achteln und vom Kerngehäuse befreien. Apfelstücke mit dem Vollkornbrot auf einem flachen Teller anrichten.

Für 1 Person, pro Portion ca. 360 kcal

Vollkornbrot mit Kräuterquark

Ein ideales Frühstück wie dieses enthält Ballaststoffe und Eiweiß und macht satt, ohne den Körper mit viel Fett zu belasten. Der selbst angerührte Kräuterquark kann auch im Voraus für zwei Tage zubereitet werden oder als kleine Zwischenmahlzeit dienen.

70 g Magerquark
1 Esslöffel Milch
frisch gemahlener bunter Pfeffer
1 Msp. edelsüßes Paprikapulver
Meersalz
1 kleine Zwiebel
1/2 Bund Schnittlauch
2 Esslöffel Kresse
2 Scheiben Vollkornbrot

❶ Magerquark und Milch in eine Schüssel geben und glatt rühren. Mit frisch gemahlenem Pfeffer, Paprikapulver und Meersalz abschmecken.

❷ Zwiebel schälen und sehr fein hacken. Schnittlauch waschen, in Röllchen schneiden. Kresse waschen und trockentupfen. 1 Esslöffel Kresse fein hacken, zusammen mit der Zwiebel und den Kräutern unter den Quark rühren.

❸ Vollkornbrot mit Kräuterquark bestreichen und mit der restlichen Kresse garnieren.

Für 1 Person, pro Portion ca. 260 kcal

Kürbiskernbrot mit Orangenkonfitüre

Wer gern süße Marmeladenbrote zum Frühstück isst, der muss auch in der fettreduzierten Küche nicht darauf verzichten. Die Konfitüre sollte allerdings einen möglichst niedrigen Zuckergehalt, dafür aber einen hohen Fruchtanteil aufweisen. In Naturkostläden und Reformhäusern gibt es köstliche Fruchtaufstriche mit wenig Rohrzucker.

1 Scheibe Kürbiskernbrot
1 Esslöffel Magerquark
1 Teelöffel Orangenkonfitüre oder Fruchtaufstrich nach Belieben
1 Clementine oder 1 kleine Orange

❶ Kürbiskernbrot mit Magerquark bestreichen. Orangenkonfitüre oder anderen Fruchtaufstrich auf dem Quark verteilen.

❷ Clementine oder Orange schälen und achteln, mit dem Brot auf einem Teller anrichten.

Für 1 Person, pro Portion ca. 160 kcal

Selleriebrot mit Rührei

Ein ideales Frühstück fürs Wochenende, wenn man genügend Zeit hat, sich ein Rührei zuzubereiten. Da Eier mitverantwortlich sind für einen hohen Cholesterinspiegel, sollte man sich dieses Frühstück jedoch nur ein- bis zweimal pro Woche gönnen.

1 Ei
Salz
frisch gemahlener Pfeffer
1/2 Bund Schnittlauch
1 Teelöffel Sonnenblumenöl
1 Scheibe Dinkelvollkornbrot
1 Teelöffel Diätmargarine
1/2 Stange Sellerie mit Blättern

❶ Ei in eine Schüssel schlagen und mit dem Schneebesen verquirlen, mit wenig Salz und Pfeffer würzen. Schnittlauch waschen, in feine Röllchen schneiden und unter das verquirlte Ei mischen.

❷ Öl in einer kleinen beschichteten Pfanne erhitzen, verquirltes Ei hineingeben und bei schwacher Hitze in einigen Minuten stocken lassen, gelegentlich mit einer Gabel umrühren.

❸ Dinkelvollkornbrot mit Diätmargarine bestreichen. Blätter von den Selleriestangen lösen, waschen und zur Seite stellen. Selleriestange waschen, in sehr feine Stücke schneiden und auf das Brot geben. Zusammen mit dem Rührei auf einem Teller anrichten und mit den Sellerieblättern garnieren.

Für 1 Person, pro Portion ca. 315 kcal

Bruschetta

Der leichte italienische Happen vorweg: Geröstete Weißbrotscheiben mit gewürzten Tomatenstücken regen – noch vor der Vorspeise – nicht nur den Appetit an, sondern schmecken auch gut als Begleitung zu einem Glas italienischen Landwein, zum Beispiel einem Montepulciano d'Abruzzo.

4 Strauchtomaten
1/2 Bund Basilikum
1/2 Bund Petersilie
1 Knoblauchzehe
Salz
Pfeffer
8 Scheiben Weißbrot
4 Esslöffel Olivenöl

❶ Tomaten vierteln und entkernen. Tomatenviertel in Würfel schneiden. Basilikum und Petersilie grob hacken, Knoblauchzehe pellen.

❷ Tomatenwürfel und Kräuter in einer Schüssel vermengen, Knoblauch hineinpressen und alles mit Salz und Pfeffer abschmecken.

❸ Weißbrotscheiben leicht toasten und mit Olivenöl beträufeln. Die Tomatenmischung auf die Brotscheiben verteilen. Sofort servieren.

Für 4 Personen, pro Portion ca. 294 kcal

Parmesan-Tomaten-Muffins

Ein Party-Renner, dekorativ auf jedem kalten Büfett – rasch und unkompliziert zubereitet. Der Parmesan kann auch durch frisch geriebenen Pecorino, einen italienischen Hartkäse aus Schafsmilch, ersetzt werden.

130 g Mehl
75 g Maismehl
2 Teelöffel Backpulver
1/2 Teelöffel Salz
150 g Parmesan, frisch gerieben
1 Ei, verschlagen
60 ml Öl
1/4 l Milch
Öl für die Förmchen
8–10 Kirschtomaten
50 g Rauke

❶ Ofen auf 180 °C vorheizen. Mehl mit Maismehl, Backpulver, Salz und Parmesan in einer Schüssel vermischen. Ei, Öl und Milch unterrühren.

❷ Die Vertiefungen eines Muffin-Blechs mit Öl einfetten, Teig einfüllen. Im vorgeheizten Ofen ca. 20 Minuten backen. Muffins aus den Förmchen stürzen und auf einem Kuchengitter auskühlen lassen.

❸ Kirschtomaten in Scheiben schneiden. Muffins quer halbieren. Mit Tomatenscheiben und Rauke füllen und frisch servieren.

Für 4 Personen, pro Portion ca. 550 kcal

Grüne Tomaten mit Gurken

Wer im Herbst ratlos in seinem Gemüsegarten steht und sich fragt, was er mit seinen grünen Tomaten, die nicht mehr rot werden wollen, machen soll, der sollte es einmal mit diesem Rezept versuchen.

6 große, weiche grüne Tomaten (die bereits orange Stellen zeigen)
1 Salatgurke
Butter und Öl zum Braten
1–2 Tassen Kondensmilch
1–2 Tassen feine Haferflocken
Salz
Pfeffer

❶ Backofen auf 80 °C vorheizen; ein Backblech mit Küchenkrepp auslegen.

❷ Tomaten und geschälte Salatgurke in ca. 1 cm dicke Scheiben schneiden.

❸ Butter und Öl zu gleichen Teilen in einer großen Pfanne erhitzen.

❹ Tomaten- und Gurkenscheiben erst in Kondensmilch tauchen und dann beidseitig mit Haferflocken panieren. Portionsweise von beiden Seiten vorsichtig braten, bis die Panade zu bräunen beginnt.

❺ Fertig gebratene Tomaten und Gurken zum Warmhalten auf das ausgelegte Backblech geben und in den Ofen stellen. Vor dem Servieren mit Salz und Pfeffer würzen.

Für 4 Personen, pro Portion ca. 225 kcal

Ciabatta mit Blattspinat-Tomaten-Füllung

Ciabatta – das steht für besonders knuspriges italienisches Weißbrot. Die herzhafte Blattspinat-Tomaten-Füllung schmeckt aber auch auf Baguette.

2 Schalotten
1 Esslöffel Öl
1 Knoblauchzehe
450 g Blattspinat, tiefgefroren
Salz
weißer Pfeffer
Muskat
250 g weicher Camembert
600 g Tomaten
2 Ciabatta (à ca. 250 g)
50 g Kräuterbutter

❶ Schalotten abziehen, fein würfeln und in Öl glasig dünsten. Knoblauch schälen und zu den Schalotten pressen. Gefrorenen Blattspinat zufügen, alles ca. 15 Minuten dünsten. Mit Salz, Pfeffer und Muskat abschmecken.

❷ Backofen auf 200 °C vorheizen.

❸ Camembert und Tomaten in Scheiben schneiden. Ciabatta-Brote halbieren und die Hälften noch einmal in der Mitte teilen. Die unteren Brothälften dünn mit Kräuterbutter bestreichen und Tomatenscheiben darauf verteilen. Blattspinatmischung über die Tomaten geben, mit Camembert-Scheiben bedecken.

❹ Belegte Brothälften auf ein Backblech setzen und in den Ofen schieben und knapp 10 Minuten überbacken. Nach gut 5 Minuten Backzeit die oberen, nicht belegten Brothälften ebenfalls in den Ofen geben.

❺ Gefüllte Ciabatta heiß servieren, obere Brothälfte nach Belieben aufsetzen oder jeweils neben die belegte Hälfte legen.

Für 4 Personen, pro Portion ca. 491 kcal

- 55 g Zucker
- 750 g Tomaten
- 100 ml Gin
- Saft von 1 Limette
- Limettenscheiben zum Garnieren

Tomatensorbet mit Gin

Das Sorbet, eine Erfindung der alten Perser, ist Halbgefrorenes aus Fruchtmark und Alkohol. Es wird bei großen Menüs als Erfrischung vor dem Hauptgericht gereicht.

❶ Zucker mit 100 ml Wasser zum Kochen bringen. Unter Rühren leise köcheln lassen, bis sich der Zucker aufgelöst hat. Vom Herd nehmen und abkühlen lassen.

❷ Tomaten häuten, vierteln und entkernen. Tomatenviertel fein würfeln und in einen Topf füllen. Bei schwacher Hitze ca. 20 Minuten köcheln lassen, dabei ab und zu umrühren.

❸ Tomaten mit Zuckerlösung im Mixer oder mit dem Stabmixer pürieren. In eine Gefrierbox füllen und im Tiefkühlfach erstarren lassen; öfters mit dem Schneebesen durchrühren.

❹ Tomatensorbet in sechs Portionen teilen und in gekühlte Gläser oder Glasschalen füllen. Gin mit Limettensaft verrühren und über das Sorbet träufeln. Mit Limettenscheiben garnieren und sofort servieren.

Für 6 Personen, pro Portion ca. 86 kcal

Gebratene Käsewürfel

Für diese Tapa, den kleinen spanischen Appetithappen, verwendet man »manchego«, einen kräftig schmeckenden Schafskäse aus der Region La Mancha. Alternativ dazu können auch andere Hart- oder Halbhartkäsesorten verwendet werden. Die heißen Käsewürfel werden mit weißen Trauben zum Aperitif gereicht.

400 g spanischer Manchego, fest und mittelalt
2 Eier
1 Teelöffel Sahne
Paniermehl
50 g Mandeln, fein gemahlen
Mehl
250 ml Olivenöl

❶ Käse entrinden und in ca. 2 cm große Würfel schneiden.

❷ Eier mit Sahne verquirlen, in eine Schale geben. Paniermehl mit fein gemahlenen Mandeln mischen, in ein Schälchen geben. Mehl in ein drittes Schälchen geben.

❸ Käsewürfel von allen Seiten zuerst im Mehl, dann in den verquirlten Eiern und schließlich in der Paniermehl-Mandel-Mischung wenden.

❹ Olivenöl in einer großen Pfanne erhitzen, Käsewürfel portionsweise goldbraun braten. Auf Küchenkrepp abtropfen lassen und heiß servieren.

Für 4 Personen, pro Portion ca. 350 kcal

Panierte Mangoldstiele

Die Variationen an paniertem, frittiertem oder ausgebackenem Gemüse sind endlos in Spanien. Hier ein Rezept mit Mangoldstielen.

12–15 Mangoldstiele
Mehl
4 Eier
200 g Paniermehl
Olivenöl
Salz

❶ Die Mangoldstiele blanchieren und gut abtrocknen.

❷ In Mehl wälzen, in den geschlagenen Eiern wenden und anschließend panieren.

❸ In einer gusseisernen Pfanne zwei Finger hoch Olivenöl erhitzen und die panierten Mangoldstiele darin goldbraun ausbacken. Salzen und servieren.

Für 4 Personen, pro Portion ca. 440 kcal

Gegrillte Pfefferschoten

Eine einfache Tapa, die zum Beispiel zu einem Rioja-Wein ganz köstlich schmeckt und zusammen mit eingelegten Oliven und Salzmandeln als Appetitanreger dient.

100 g milde grüne Pfefferschoten
100 g milde rote Pfefferschoten
grobes Meersalz
einige Basilikumblätter

❶ Backofen auf 200 °C vorheizen. Grüne und rote Pfefferschoten waschen und auf den Rost legen.

❷ Pfefferschoten ca. 20 Minuten im Backofen grillen, herausnehmen und mit grobem Meersalz bestreuen.

❸ Gegrillte Pfefferschoten mit Basilikumblättern garnieren und noch heiß servieren.

Für 4 Personen, pro Portion ca. 20 kcal

Marinierter Blumenkohl

Eine leckere Gemüse-Tapa, die leicht zuzubereiten ist und erst richtig gut schmeckt, wenn sie einige Stunden durchgezogen ist: Blumenkohlröschen werden gedünstet und in eine feine Essig-Öl-Marinade eingelegt.

1 kleiner Blumenkohl
Salz
1 Esslöffel Zitronensaft
2 Knoblauchzehen
2 Frühlingszwiebeln
1 Stange Staudensellerie
4 Esslöffel Olivenöl
4 Esslöffel Weißweinessig
Salz
frischgemahlener weißer Pfeffer
1 Bund Schnittlauch

❶ Blumenkohl waschen und in kleine Röschen zerteilen, in einem Topf mit Salzwasser und Zitronensaft ca. 5–8 Minuten kochen. Garprobe machen: Der Blumenkohl muss noch bissfest sein und darf nicht zerfallen. Blumenkohl abtropfen lassen, Kochflüssigkeit nicht wegschütten.

❷ Knoblauchzehen schälen und blättrig schneiden, Frühlingszwiebeln und Staudensellerie putzen, waschen und in feine Stücke schneiden, in Olivenöl andünsten.

❸ Gemüse mit 4 Esslöffel Kochflüssigkeit und 4 Esslöffel Weißweinessig aufgießen, kurz aufkochen und ca. 3 Minuten bei schwacher Hitze dünsten.

❹ Gemüsesud und Gemüse mit Salz und Pfeffer abschmecken und über die Blumenkohlröschen geben. Schnittlauch waschen und in feine Röllchen schneiden, über den Blumenkohl streuen und Tapa mindestens 2 Stunden kühl stellen.

Für 4 Personen, pro Portion ca. 170 kcal

Gedünstete Champignons

Frische Champignons erhält man das ganze Jahr über. Würzt man sie mit frischen Kräutern wie Petersilie oder aromatischem Thymian, erhält man eine köstliche Tapa, das zudem unkompliziert in der Zubereitung ist. Auch andere Pilze, wie zum Beispiel der in Spanien weit verbreitete Edelreizker, lassen sich für dieses Gericht verwenden.

500 g kleine Champignons
3 Esslöffel Zitronensaft
3 Esslöffel Olivenöl
3 Frühlingszwiebeln
3 Knoblauchzehen
Salz
Pfeffer
1/2 Bund Petersilie oder einige Thymianzweige

❶ Champignons mit einem Küchenpinsel von Erdresten befreien. Schadhafte Stellen entfernen. Pilze vierteln und mit Zitronensaft beträufeln.

❷ Olivenöl in einer Pfanne erhitzen.

❸ Frühlingszwiebeln putzen, waschen und in schmale Stücke schneiden. Auch ein Stück des grünen Stiels verwenden, soweit dieser zart ist. Knoblauchzehen schälen, grob hacken und zusammen mit den Frühlingszwiebeln in die Pfanne geben. 2 Minuten dünsten.

❹ Geviertelte Champignons und Zitronensaft zugeben, einige Minuten bei geschlossenem Deckel schmoren lassen, zwischendurch probieren – die Champignons müssen noch Biss haben.

❺ Champignons mit Salz und Pfeffer würzen, Kräuter waschen, die Blättchen fein hacken und über die Pilze verteilen. Mit geröstetem Weißbrot servieren.

Für 4 bis 5 Personen, pro Portion ca. 160–200 kcal

Salate

Brokkoli-Spargel-Salat

Von diesem grünen Power-Salat kann man gar nicht genug haben, denn in grünem Gemüse wie Brokkoli stecken viele Vitamine und Mineralstoffe. Spargel wirkt zudem entschlackend, wenn man ihn wie hier mit wenig Öl zubereitet. Der Kochsud lässt sich übrigens weiterverwenden: Er gibt eine wunderbare Grundlage für eine Gemüsesuppe ab.

500 g grüner Spargel
250 g Brokkoli
Meersalz
1 Esslöffel Zitronensaft
1 Prise Zucker
frisch gemahlener Pfeffer
1 Esslöffel Weißweinessig
1 Teelöffel Olivenöl
1 Esslöffel Sesam

❶ Grünen Spargel waschen, im unteren Drittel schälen und holzige Enden abschneiden. Spargel in ca. 5 cm lange Stücke schneiden. Brokkoli waschen und in kleine Röschen teilen.

❷ Ca. 500 ml Wasser mit etwas Salz in einem großen Topf erhitzen, Spargel und Brokkoli hineingeben und alles ca. 10 Minuten im geschlossenen Topf bei schwacher Hitze kochen. Gemüse herausnehmen und abtropfen lassen. Gemüsebrühe beiseite stellen.

❸ Zitronensaft, Zucker, Salz, Pfeffer und Weißweinessig in einer Schüssel verrühren, 4 Esslöffel Kochsud zugeben und mit Olivenöl zu einem Dressing verrühren. Dressing über das noch warme Gemüse geben und 30 Minuten ziehen lassen.

❹ Sesam in einer Pfanne ohne Fett anrösten und über den Salat streuen.

Für 2 Personen, pro Portion ca. 131 kcal

Kartoffelsalat mit Kräuter-Jogurt-Sauce

Der Kartoffelsalat erhält seinen würzig-aromatischen Geschmack durch ein leichtes Jogurtdressing mit vielen leckeren Kräutern. Er schmeckt frisch zubereitet und noch lauwarm als Zwischenmahlzeit köstlich, kann aber zum Beispiel kalt mit Vollkornbrot oder frischem Baguette serviert werden.

- 400 g kleine, fest kochende Kartoffeln
- 1 Apfel
- 1 Teelöffel Zitronensaft
- 1 kleiner Zucchino
- 1 kleine Zwiebel
- 1/2 Bund Radieschen
- 70 g fettarmer Jogurt (1,5 %)
- 1 Esslöffel leichte Salatcreme
- 1 Esslöffel Weißweinessig
- Meersalz
- frisch gemahlener Pfeffer
- 1 Bund Schnittlauch
- 2 Esslöffel Kresse
- 50 g Rauke (Rucola)

❶ Kartoffeln in einen Topf mit Dämpfeinsatz legen, Topfboden mit Wasser füllen und Kartoffeln in ca. 20–25 Minuten weich garen. Kartoffeln pellen und in Viertel schneiden.

❷ Apfel schälen, in Achtel schneiden und vom Kerngehäuse befreien. Apfelachtel mit Zitronensaft beträufeln. Zucchino waschen, putzen und in feine Scheiben schneiden. Zwiebel schälen und fein hacken, Radieschen waschen, putzen und in Scheiben schneiden. Kartoffeln, Obst- und Gemüsestücke auf zwei Tellern anrichten.

❸ Jogurt und Salatcreme verrühren und mit Essig, Salz und Pfeffer abschmecken. Schnittlauch waschen und in feine Röllchen schneiden. Kresse und Rauke waschen, trockentupfen und grob hacken. Kräuter unter die Jogurtcreme heben und über dem Gemüse verteilen.

Für 2 Personen, pro Portion ca. 205 kcal

Pellkartoffel-Spargel-Salat

1 kg Salatkartoffeln
500 g grüner Spargel
Salz
1/2 Brühwürfel
1 Gemüsezwiebel
1 hart gekochtes Ei
2 Esslöffel Essig
2 Esslöffel Olivenöl
frisch gemahlener Pfeffer
1 Bund Petersilie

Besonders schmackhaft zu Spargel sind neue Kartoffeln, die sich gerade für diesen Salat besonders eignen. Dieser feine Kartoffelsalat macht sich auf einem Party-Büfett besonders gut.

❶ Kartoffeln waschen und mit der Schale kochen. Spargel waschen, holzige Enden entfernen. Spargel in 2 cm große Stücke schneiden, in 1/4 l kochendem Salzwasser ca. 10 Minuten bissfest garen, aus dem Wasser nehmen und abtropfen lassen.

❷ Spargelwasser noch einmal aufkochen, Brühwürfel auflösen und über die geschälte, fein gehackte Gemüsezwiebel in eine Salatschüssel gießen. Hart gekochtes Ei schälen, würfeln und zu der Zwiebel geben. Essig, Öl, Salz und Pfeffer zu einer Marinade verrühren, in die Salatschüssel geben, alles gut mischen.

❸ Gekochte Kartoffeln pellen, in nicht zu dicke Scheiben schneiden und noch warm unter die Marinade heben.

❹ Gewaschene, fein gehackte Petersilie, Spargel und Pellkartoffeln vorsichtig miteinander mischen.

Für 4 Personen, pro Portion ca. 243 kcal

Nudel-Zucchini-Salat

Zucchini besitzen einen leicht nussigen Geschmack, der in diesem Salat durch die Cashewkerne noch hervorgehoben wird. Kleine Zucchini sind feiner im Aroma als die großen und deshalb für Rohkost besonders gut geeignet.

Salz
50 g Vollkornnudeln
1 kleiner Zucchino
3 große Champignons
1 Esslöffel Zitronensaft
1 Esslöffel Weißwein
1 Esslöffel leichte Salatcreme
frisch gemahlener bunter Pfeffer
5 Cashewkerne

❶ 1 l Wasser in einem Topf zum Kochen bringen, eine Prise Salz und die Vollkornnudeln hineingeben, Nudeln bissfest kochen und abtropfen lassen.

❷ Zucchino waschen und putzen. Champignons putzen, mit Küchenpapier gründlich abreiben. Beides in feine Scheiben schneiden. Aus Zitronensaft, Weißwein, Salatcreme und Pfeffer ein Dressing anrühren.

❸ Abgekühlte Nudeln in eine kleine Salatschüssel geben, Zucchino und Champignons zufügen und Dressing unterheben. Cashewkerne grob hacken und über den Nudelsalat streuen.

Für 2 Personen, pro Portion ca. 330 kcal

Tofusalat mit Spargel

Tofu, Sojasauce und Ingwer erinnern an die asiatische Küche, deren leichte, würzige Zutaten den feinen Spargelgeschmack harmonisch ergänzen.

450 g grüner Spargel
5 Esslöffel Sojasauce
Saft und Schale von 1/2 unbehandelten Zitrone
3 Teelöffel Zucker
5 Esslöffel Sonnenblumenöl
300 g Tofu
1 Frühlingszwiebel
1 rote Zwiebel
30 g Brunnenkresse
3 cm frischer Ingwer

❶ Spargel waschen, holzige Enden entfernen, in 5 cm lange Stücke schneiden, Spargelköpfe aussortieren. Wasser mit 1 Esslöffel Sojasauce aufkochen, Spargelstücke darin 5 Minuten, Spargelspitzen 3 Minuten garen. Herausnehmen, abtropfen lassen, Spargelspitzen zur Seite stellen.

❷ Für die Salatsauce 4 Esslöffel Sojasauce, Zitronensaft, abgeriebene Zitronenschale, Zucker und Sonnenblumenöl gut miteinander verrühren.

❸ Tofu würfeln, Frühlingszwiebeln waschen und putzen. Rote Zwiebel schälen. Beides in Ringe schneiden, Brunnenkresse abzupfen. Alle Zutaten mit den Spargelstangen mischen und vorsichtig unter die Salatsauce heben.

❹ Ingwer schälen, fein reiben, über den Salat geben und diesen mit den Spargelköpfen garnieren.

Für 4 Personen, pro Portion ca. 215 kcal

Gratinierter Ziegenkäse auf Melonensalat

Ein sommerlicher Imbiss, der durch die süß-säuerliche Marinade sehr erfrischend schmeckt. Mit knusprigem Weißbrot serviert, ergibt diese raffinierte Kombination auch ein leichtes Abendessen.

❶ Zuckerschoten putzen und waschen, Möhren schälen. Zuckerschoten halbieren, Möhren in dünne Scheiben schneiden. Gemüsebrühe erhitzen, Zuckerschoten und Möhren darin ca. 5 Minuten dünsten, dann abgießen und Brühe dabei auffangen.

❷ Backofen auf 200 °C vorheizen. Melone entkernen, in Spalten schneiden und schälen. Käse in eine kleine feuerfeste Form legen. Thymian und 1 Teelöffel Ahornsirup darüber verteilen. Käse im vorgeheizten Backofen ca. 10 Minuten überbacken, bis er zu schmelzen beginnt.

❸ Senf, restlichen Ahornsirup, Apfelessig, 1 Esslöffel Brühe, Kräutersalz, Pfeffer und Kapern zu einer Marinade verrühren, dann das Walnussöl unterschlagen.

❹ Salat und Melonenspalten auf zwei Tellern anrichten, Käse darauf setzen und Salat mit Marinade beträufeln. Teller mit gehackten Walnusskernen bestreuen.

Für 2 Personen, pro Portion ca. 295 kcal

80 g Zuckerschoten
2 junge Möhren
50 ml Gemüsebrühe
1/2 reife Honigmelone
2 kleine Ziegenfrischkäse (à 50 g)
1/2 Teelöffel frische Thymianblättchen
2 Teelöffel Ahornsirup
1 Teelöffel mittelscharfer Senf
1 Esslöffel Apfelessig
Kräutersalz
frisch gemahlener Pfeffer
1 Teelöffel Kapern
1 Teelöffel Walnussöl
2 Esslöffel gehackte Walnusskerne

Spargel-Erdbeer-Salat

400 g grüner Spargel
Salz
Zucker
60 ml Erdbeer-Essig
60 g Sonnenblumenöl
frisch gemahlener weißer Pfeffer
160 g frische Erdbeeren

Eine Kombination, die eigenwillig erscheinen mag, doch Spargel und Erdbeeren ergänzen sich gegenseitig in ihren feinen Aromen.

❶ Spargel waschen, holzige Enden entfernen und in sprudelnd heißem Wasser mit Salz, Zucker sowie 5 Esslöffel Essig kurz aufkochen und dann auf kleiner Flamme 5 Minuten ziehen lassen. Spargel herausnehmen, mit Eiswasser rasch abkühlen und in eine flache Schüssel legen.

❷ 6 Esslöffel Spargelwasser, restlichen Essig, Öl, Salz, Pfeffer und eine Prise Zucker zu einer Marinade verrühren, über den Spargel gießen, alles zudecken und gut durchziehen lassen.

❸ Erdbeeren putzen und waschen. 40 g Erdbeeren pürieren, restliche Erdbeeren vierteln und mit Zucker bestreuen, so dass die Früchte ein wenig Saft ziehen. Erdbeerpüree und Erdbeerstückchen mischen und unter den Spargel heben.

Für 4 Personen, pro Portion ca. 167 kcal

Spargelspitzensalat mit Zuckerschoten

500 g grüne Spargelspitzen
400 g Zuckerschoten
250 g bunter Blattsalat
5 Esslöffel Olivenöl
1 Esslöffel Balsamessig
Salz
frisch gemahlener Pfeffer
80 g Parmesan
Brunnenkresse zum Garnieren

Zuckerschoten sind ein ebenso feines Gemüse wie Spargel. Beide benötigen lediglich eine sehr kurze Garzeit.

❶ Spargelspitzen waschen und einmal längs durchschneiden. Zuckerschoten putzen und zusammen mit dem Spargel in wenig, leicht kochendem Wasser bissfest garen.

❷ Salat waschen und auf vier Teller verteilen, Spargel und Zuckerschoten zufügen. Olivenöl, Balsamessig, Salz und Pfeffer verrühren und über den Salat und das Gemüse träufeln.

❸ Parmesan hobeln, Salat und Gemüse damit bestreuen und mit der Kresse garnieren.

Für 4 Personen, pro Portion ca. 295 kcal

Waldorf-Salat

Der Waldorf-Salat ist eine der bekanntesten Vorspeisen mit Äpfeln. Er wurde in dem berühmten New Yorker Hotel Waldorf Astoria erstmals zubereitet und ist danach benannt. Inzwischen ist er weltberühmt.

1/4 Sellerieknolle
2 Esslöffel Zitronensaft
250 g Äpfel
50 g Walnusskerne
1 Dose Ananaswürfel
4 Esslöffel Salatmajonäse
Salz
Zucker
frisch gemahlener weißer Pfeffer
Worcestersauce
6 Esslöffel Sahne

❶ Sellerieknolle schälen, in feine Streifen schneiden oder raspeln. Sofort mit etwas Zitronensaft beträufeln. Äpfel schälen, vierteln und vom Kerngehäuse befreien. Apfelviertel ebenfalls in Streifen schneiden oder raspeln. Walnusskerne zerkleinern. Alle Zutaten vorsichtig mischen, Ananaswürfel abtropfen lassen und unterheben.

❷ Salatmajonäse mit Salz, Zucker, Pfeffer und Worcestersauce abschmecken. Sahne steif schlagen und unter die Majonäsemischung heben. Abschmecken und locker unter die Salatzutaten heben.

Für 4 Personen, pro Portion ca. 330 kcal

Rote-Bete-Salat

Rote Bete gibt es bereits verzehrfertig im Handel – gedämpft und vakuumverpackt behält er alle wichtigen Bestandteile wie etwa viel Vitamin C. Kombiniert man das Gemüse mit Orangen und Chicorée, entsteht ein köstlicher Salat, der richtig satt macht.

100 g gedämpfte rote Bete
1 Chicorée
1 Orange
Salz
frisch gemahlener Pfeffer
1 Teelöffel Balsamessig
1/2 Becher fettarmer Jogurt (1,5 %)
1 Teelöffel gehackte Walnusskerne
1 Scheibe Vollkornbrot

❶ Rote Bete halbieren und in Scheiben schneiden. Chicoréeblätter abteilen, waschen und in einem tiefen Teller dekorativ anordnen.

❷ Orange schälen und in Spalten teilen, zusammen mit den Rote-Bete-Scheiben auf die Chicoréeblätter geben. Aus Salz, Pfeffer, Balsamessig und Jogurt ein Dressing anrühren.

❸ Dressing über das Gemüse gießen, mit gehackten Walnusskernen bestreuen und Vollkornbrot dazu reichen.

Für 2 Personen, pro Portion ca. 285 kcal

Fit-Power-Salat

Power-Food für Fitness-Anhänger: Dieser Rohkost-Salat ist eine wahre Vitaminbombe, die sich hervorragend in jeden Diätplan einbauen lässt. Die gesunde Mischung aus Sellerie, Apfel und Möhren unterstützt den Körper beim Entschlacken.

500 g Möhren
100 g Sellerie
250 g Äpfel
Saft von 1 Zitrone
50 g brauner Zucker
4 Orangen
50 g Sultaninen

❶ Möhren waschen, putzen und mit einer Raspel fein reiben. Selleriestücke schälen und ebenfalls fein raspeln.

❷ Äpfel schälen, vierteln und vom Kerngehäuse befreien. Die Apfelviertel in feine Scheiben schneiden, mit etwas Zitronensaft beträufeln und mit Zucker bestreuen.

❸ 2 Orangen halbieren, das Fruchtfleisch vorsichtig herauslösen, so dass die Schalenhälften nicht verletzt werden. Die restlichen Orangen schälen. Das Fruchtfleisch in kleine Würfel schneiden.

❹ Alle Zutaten miteinander vermischen, die Sultaninen zugeben und alles ca. 20 Minuten ziehen lassen. Den Salat in die 4 Orangenhälften füllen und im Kühlschrank kalt stellen.

Für 4 Personen, pro Portion ca. 210 kcal

Salat aus 1001 Nacht

Eine ganz besondere Kostbarkeit, die an verzauberte orientalische Nächte erinnert. Diese orientalische Vorspeise ist ein toller Starter für exotische Hauptgerichte. Dazu serviert man einen fruchtigen Aperitif – zum Beispiel einen Prosecco mit Lychee-Likör.

700 g unbehandelte Tafeläpfel
Saft von 1/2 Zitrone
175 g frische Datteln
25 g weißes Marzipan
1 Teelöffel Orangenblütenwasser
4 Esslöffel Naturjogurt
20 abgezogene Mandeln
4 frische, grüne Feigen

❶ Äpfel gründlich waschen, vierteln und vom Kerngehäuse befreien. Apfelviertel in dünne Stifte schneiden. Mit dem Zitronensaft beträufeln.

❷ Datteln waschen, halbieren und entsteinen. Dattelhälften in feine Streifen schneiden. Mit den Apfelstiften in einer Schüssel vermischen.

❸ Marzipan, Orangenblütenwasser und Jogurt in einer Schüssel zu einer glatten Masse verarbeiten.

❹ Backofen auf 180 °C vorheizen.

❺ Mandeln auf einem Backblech verteilen, in den vorgeheizten Backofen schieben und goldbraun rösten. Mandeln ab und zu wenden.

❻ Feigen waschen, vom Stielansatz befreien und am oberen Ende kreuzweise aufschneiden. Das untere Ende der Frucht zwischen Daumen und Zeigefinger zusammendrücken, damit sie sich öffnet.

❼ Apfel-Dattelmischung auf die Mitte von vier Tellern verteilen. Auf jede Salatportion 1 Feige setzen, die Jogurt-Füllung in die Mitte der Feige geben und mit einer gerösteten Mandel garnieren.

Für 4 Personen, pro Portion ca. 240 kcal

Wurzelgemüse mit Kürbiskernöl

Ob als Zwischenmahlzeit oder als Vorspeise bei einem Menü: Das Wurzelgemüse wird als knackig-frische Rohkost serviert und überzeugt auch Feinschmecker von der leichten Küche. Und das Kürbiskernöl im Dressing ist ebenfalls eine gesunde Delikatesse, denn es ist reich an Spurenelementen, Mineralstoffen und Vitaminen.

1/2 Sellerieknolle
3 Möhren
1 Petersilienwurzel
1/2 Kohlrabi
1 Teelöffel Zitronensaft
Meersalz
frisch gemahlener bunter Pfeffer
1 Esslöffel Weißweinessig
2 Teelöffel Kürbiskernöl
1 Esslöffel Cashewkerne

❶ Sellerieknolle, Möhren, Petersilienwurzel und Kohlrabi putzen und schälen, mit einer Rohkost-Reibe zu schmalen Stiften raspeln. Gemüse in eine große Schale geben.

❷ Aus Zitronensaft, etwas Meersalz, buntem Pfeffer und Weißweinessig ein Dressing anrühren. Kürbiskernöl zum Schluss zufügen und mit einer Gabel sorgfältig unterrühren.

❸ Dressing über die Rohkost geben und einige Minuten ziehen lassen. Cashewkerne grob hacken und über das Gemüse streuen. Dazu Fladenbrot reichen.

Für 2 Personen, pro Portion ca. 114 kcal

Apfel-Käse-Salat

Ein Klassiker unter den Apfel-Salaten, der auf jedes Party-Büfett gehört. Dank der Proteine vom Käse ist dieser Salat ein wichtiger Nährstoff- und Energielieferant, den man mit einer Scheibe Baguette oder Ciabatta auch als einfaches, leichtes Abendessen zubereiten kann.

4 Esslöffel Salatcreme oder Majonäse

125 ml Sauerrahm

Saft von 1/2 Zitrone

2 Esslöffel Essig

frisch gemahlener schwarzer Pfeffer

Salz

Zucker

1 Esslöffel gehackter Dill

300 g Schnittkäse

400 g rote, unbehandelte Äpfel

100 g Walnusskerne

❶ Für die Sauce Salatcreme, Sauerrahm, Zitronensaft, Essig, Pfeffer, Salz, Zucker und Dill in einer Schüssel verrühren

❷ Käse in ca. 1 cm große Würfel schneiden.

❸ Äpfel gründlich waschen, vierteln und vom Kerngehäuse befreien. Aus den Apfelvierteln feine Apfelscheiben schneiden. Käsewürfel und Apfelscheiben in einer Schüssel vorsichtig mischen.

❹ Walnusskerne fein hacken und über die Apfel-Käse-Mischung geben. Die Salatsauce in einer extra Schüssel dazu reichen.

Für 4 Personen, pro Portion ca. 590 kcal

Chicorée-Apfel-Salat

Dieser Chicorée-Apfel-Salat ist ein leichtes Entree für ein gehaltvolleres Hauptgericht. Die Chicorée-Blätter sollte man vorher kurz in warmes Wasser legen, da sie Bitterstoffe enthalten, die durch das warme Wasser entzogen werden.

6 Stangen Chicorée

700 g Äpfel

Salz

Zucker

1 Esslöffel Zitronensaft

Kaffeesahne

❶ Chicorée waschen, putzen, halbieren und Strunk entfernen. Stangen quer in feine Streifen schneiden.

❷ Äpfel schälen, vierteln und vom Kerngehäuse befreien. Apfelviertel fein reiben.

❸ Apfelmasse und Chicorée mischen, mit Salz und Zucker abschmecken und mit Zitronensaft beträufeln. Nach Belieben Kaffeesahne zufügen.

Für 4 Personen, pro Portion ca. 130 kcal

Tomaten mit Tofu-Basilikumbällchen

150 g Tofu
100 g Frischkäse
2 Knoblauchzehen
2 Frühlinszwiebeln
10–12 Basilikumblättchen
3 Esslöffel feingehackte Walnüsse
700 g schnittfeste Tomaten
1 Esslöffel Balsamico-Essig
5 Teelöffel Olivenöl
Salz
frisch gemahlener Pfeffer
1/2 Teelöffel Zucker

Genau das Richtige für heiße Sommertage – eine leichte, erfrischende Vorspeise, die zudem schnell zubereitet ist.

❶ Tofu fein krümeln und mit Frischkäse verrühren. Knoblauch und Frühlingszwiebeln schälen und fein würfeln. Basilikum waschen, trocken tupfen, einige Blätter zum Dekorieren zur Seite legen, restliches Basilikum fein hacken. Knoblauch, Frühlingszwiebeln, Basilikum und Walnüsse mit der Tofu-Käsecreme verrühren, kurz durchziehen lassen.

❷ Tomaten waschen, Stielansätze entfernen, in Scheiben schneiden und auf einer Platte anrichten. Essig, Öl, Salz, Pfeffer und Zucker zu einer Marinade verrühren und über die Tomaten träufeln. Aus der Tofu-Käsecreme mit feuchten Händen kleine Kugeln formen, zu den Tomaten geben und mit Basilikumblättchen garnieren.

Für 4 Personen, pro Portion ca. 254 kcal

Zucchinimousse mit Tomatensalat

Zwar benötigt man für die Zubereitung von Zucchinimousse etwas Zeit, doch der Aufwand lohnt sich garantiert. Zum Schluss präsentiert sich gleichermaßen eine Augen- wie auch Gaumenfreude – besonders geeignet als Vorspeise eines festlichen Menüs.

2 große Zucchini
Salz
300 ml Gemüsefond
150 g kernige Haferflocken
1 Teelöffel Agar Agar
400 g Frischkäse
2 Esslöffel Weinessig
1 Bund Schnittlauch
2 Eiweiß
125 ml Sahne
300 g Tomaten
100 g Champignons
1 Schalotte
2 Esslöffel Balsamico-Essig
Zucker
Pfeffer
4 Esslöffel Keimöl

❶ Zucchini schälen und in feine Würfel schneiden. Mit Salz bestreuen und beiseite stellen.

❷ Gemüsefond in einem Topf zum Kochen bringen, Haferflocken einstreuen und auf kleinster Flamme 30 Minuten quellen lassen. Fond durch ein Sieb gießen, Flüssigkeit dabei auffangen. Haferflocken beiseite stellen.

❸ Agar Agar in den kalten Gemüsefond einrühren, wieder erwärmen, kurz aufkochen.

❹ Frischkäse in einer großen Schüssel glattrühren. Den abgekühlten, noch nicht erstarrten Gemüsefond in den Frischkäse rühren. Zucchiniwürfel, Haferflocken, Weinessig und die Hälfte des gehackten Schnittlauchs zugeben. Alles verrühren. Nacheinander Eiweiß und Sahne steif schlagen und unter die Frischkäse-Masse heben.

❺ Sechs Tassen mit kaltem Wasser ausspülen und mit Zucchinimousse füllen. In ca. 2 Stunden im Kühlschrank fest werden lassen.

❻ Für den Salat Tomaten und geputzte Champignons in Scheiben schneiden. Schalotte fein hacken.

❼ Aus Balsamico-Essig, Zucker, Pfeffer, Salz und Keimöl eine Salatsauce rühren. Schalottenwürfel zufügen und Sauce über die auf Portionstellern verteilten Tomaten und Champignons geben. Salat mit restlichem gehackten Schnittlauch bestreuen. Zucchinimousse aus den Tassen stürzen, auf die Mitte eines jeden Tellers setzen und mit dem Salat anrichten.

Für 6 Personen, pro Portion ca. 468 kcal

4 Eier
1 Bund glatte Petersilie
100 g Parmesan
300 g Zucchini
500 g Eiertomaten
3 Teelöffel Balsamico-Essig
5 Teelöffel Sonnenblumenöl
1 Prise Zucker
Salz
roter Pfeffer aus der Mühle

Zucchini-Tomaten-Salat

Zucchini-Tomaten-Salat: Eine nahr- und schmackhafte Kombination aus Gemüse und Eiern, die gut und gerne auch schon mal eine Hauptspeise ersetzt.

❶ Eier hart kochen, abkühlen lassen und in Scheiben schneiden. Petersilie grob hacken. Parmesan hobeln.

❷ Zucchini schälen und wie die Tomaten in Scheiben schneiden. Gemüse in eine große Schüssel geben.

❸ Essig und Öl zusammen mit dem Zucker und den Gewürzen zu einem Dressing verrühren; dieses über das Gemüse gießen. Eischeiben zufügen und vorsichtig unterheben. Mit Petersilie und Parmesan-Spänen bestreuen.

Für 4 Personen, pro Portion ca. 286 kcal

100 g Rauke
800 g Strauchtomaten
120 g grüne, entsteinte Oliven
2 Schalotten
1/2 Bund Basilikum
2 Esslöffel Balsamico-Essig
2 Esslöffel Gemüsebrühe
Salz
schwarzer Pfeffer aus der Mühle
1 Teelöffel getrocknete italienische Kräuter
1 Teelöffel Honig
4 Esslöffel Basilikum-Öl
2 Packungen Mozzarella (à 200 g)
4 Scheiben Graubrot

Tomaten-Rauke-Salat

Raukeblätter geben jeder Salat-Kreation im wahrsten Sinne des Wortes Pepp. Verantwortlich dafür ist die Rauke-typische leichte Schärfe.

❶ Rauke in mundgerechte Stücke teilen, Tomaten und abgetropfte Oliven in Scheiben schneiden. Schalotten abziehen und sehr fein würfeln. Alles zusammen mit einigen Basilikum-Blättchen in einer Schüssel locker vermischen.

❷ Backofen auf 220 °C vorheizen.

❸ Für die Salatsauce Essig, Brühe, Salz, Pfeffer, italienische Kräuter und Honig kräftig verrühren, zuletzt das Öl unterrühren. Sauce über den Tomaten-Rauke-Salat geben und alles vermengen.

❹ Mozzarella gut abtropfen lassen, in Scheiben schneiden und die Brotscheiben damit belegen. Restliches Basilikum über den Mozzarella geben. Brote ca. 5 Minuten auf oberster Schiene im Backofen überbacken.

❺ Tomaten-Rauke-Salat zusammen mit überbackenen Mozzarella-Broten servieren.

Für 4 Personen, pro Portion ca. 533 kcal

Spargelsalat mit Artischockenherzen

Artischocken sind distelähnliche Kräuter mit sehr großen Blütenköpfen, die in Nordafrika und Südeuropa beheimatet sind. Gegessen werden die fleischigen Blütenböden.

500 g weißer Spargel
Salz
1 Prise Zucker
10 g Butter
6 kleine eingelegte Artischockenherzen
4 schnittfeste Tomaten
4 Schalotten
4 Esslöffel Zitronensaft
5 Esslöffel Olivenöl
1/2 Bund Schnittlauch
frisch gemahlener Pfeffer

❶ Spargel schälen, holzige Enden entfernen, Spargel in kochendem Salzwasser mit Zucker und Butter ca. 20 Minuten bissfest garen. Herausnehmen, abtropfen lassen und in 4 cm große Stücke schneiden.

❷ Artischockenherzen gut abtropfen lassen und halbieren. Tomaten waschen, achteln, Stielansätze entfernen. Schalotten waschen, putzen und in Ringe schneiden. Alle Zutaten mit dem Spargel mischen.

❸ Zitronensaft mit Öl zu einer glatten Sauce verrühren, mit Salz abschmecken und unter den Salat heben. Mit feingehacktem Schnittlauch und Pfeffer bestreuen.

Für 4 Personen, pro Portion ca. 188 kcal

Tomatensalat mit Bananen

Ein Hauch von Exotik kommt mit diesem in Rot und Gelb gehaltenen Salat auf den Tisch. Wird er zudem in einer ausgehöhlten Ananas serviert, rückt die Karibik in greifbare Nähe.

2 reife Bananen
1 Esslöffel Zitronensaft
500 g feste Tomaten
2 Esslöffel Balsamico-Essig
6 Esslöffel Sonnenblumenöl
1/2 Teelöffel mittelscharfer Senf
Salz
Pfeffer
Currypulver
Zucker
1 Bund glatte Petersilie

❶ Bananen schälen, in Scheiben schneiden und mit Zitronensaft beträufeln. Tomaten abziehen, halbieren, entkernen und ebenfalls in Scheiben schneiden. Bananen- und Tomatenscheiben in einer Schüssel locker vermischen.

❷ Für die Salatsauce Essig, Öl und Senf kräftig verrühren. Mit Salz, Pfeffer, Currypulver und Zucker nach Belieben abschmecken. Sauce über den Salat geben und vorsichtig vermengen.

❸ Salat auf vier Teller verteilen und mit gehackter Petersilie bestreuen.

Für 4 Personen, pro Portion ca. 236 kcal

Sprossensalat

Frische Sprossen kann man aus keimfähigem Getreide selbst ziehen, aber auch fertig gekeimt im Naturkostladen erhalten. Die knackigen Sprossen entwickeln während der Keimung sehr viele Vitamine. Am würzigsten schmecken Radieschen-, Senf- und Rettichsprossen.

1 Bund Radieschen
1 kleine Zucchini
1/2 Fenchelknolle
2 Frühlingsziebeln
50 g Radieschensprossen
50 g Alfalfasprossen
1 Esslöffel Zitronensaft
frisch gemahlener Pfeffer
1 Esslöffel Weißweinessig
1 Esslöffel Gemüsebrühe
1 Esslöffel Distelöl
1 Kästchen Kresse

❶ Radieschen waschen, putzen und in Scheiben schneiden. Zucchini waschen, putzen und in Stiftchen schneiden. Fenchelknolle waschen, putzen und quer in feine Streifen schneiden. Frühlingzwiebeln putzen und in Röllchen schneiden. Gemüse in eine Salatschüssel geben.

❷ Radieschen- und Alfalfasprossen gründlich waschen und abtropfen lassen, zum Gemüse geben.

❸ Zitronensaft, Pfeffer, Essig und Brühe in eine kleine Schüssel geben und zu einer glatten Sauce verrühren, Distelöl unter das Dressing schlagen. Dressing vorsichtig unter das Gemüse mischen und Salat 10 Minuten ziehen lassen. Kresse abschneiden, waschen, trockentupfen und über den Salat streuen.

Für 2 Personen, pro Portion ca. 90 kcal

Suppen & Eintöpfe

Pikante Kürbis-Senf-Cremesuppe

Eine echte Halloween-Suppe, fein-würzig mit Senf abgeschmeckt und cremig püriert. Besonders eignen sich hierfür Hokkaido-Kürbisse, sie haben ein sehr wohlschmeckendes festes, tieforangefarbenes Fruchtfleisch. Die Suppe kann ebenso gut mit anderen Kürbissorten, z. B. dem großen Gartenkürbis, zubereitet werden.

1 Stück Kürbis (ca. 200 g)
1 Kartoffel (ca. 50 g)
1 Zwiebel
1 Knoblauchzehe
1 Teelöffel Sonnenblumenöl
250 ml Gemüsebrühe
75 g Sahne
1 Esslöffel Crème fraîche
3 Teelöffel mittelscharfer Senf
Meersalz
frisch gemahlener weißer Pfeffer
2 Teelöffel Kürbiskernöl

❶ Kürbisfruchtfleisch von der Schale schneiden, entkernen und würfeln. Kartoffel schälen und ebenfalls würfeln. Zwiebel und Knoblauch schälen und fein hacken.

❷ Öl in einem Topf erhitzen, Zwiebel darin glasig braten. Knoblauch einstreuen und kurz mitbraten. Kürbis- und Kartoffelwürfel zugeben und anbraten. Mit Brühe aufgießen und Gemüse ca. 15 Minuten zugedeckt köcheln lassen.

❸ Zwei Esslöffel Kürbiswürfel herausnehmen und beiseite stellen. Suppe mit Sahne und Crème fraîche verfeinern und mit dem Mixstab pürieren. Mit Senf, Salz und weißem Pfeffer pikant abschmecken.

❹ Suppe in zwei tiefe Teller füllen, Kürbiswürfel einlegen und Kürbiskernöl darüber träufeln.

Für 2 Personen, pro Portion ca. 260 kcal

Rosenkohl-Lauch-Suppe

250 g Rosenkohl
2 Stangen Lauch
1 Stange Sellerie
1 Zwiebel
1 Teelöffel Olivenöl
400 ml Gemüsebrühe
Meersalz
frisch geriebene Muskatnuss
frisch gemahlener Pfeffer
1 Bund Basilikum
1 Esslöffel geriebener Parmesan

Rosenkohl ist ein feines Wintergemüse, das man hervorragend für kräftige Suppen und Aufläufe verwenden kann. Mit einer Scheibe Vollkornbrot wird diese klare Suppe zu einem vollwertigen und gesunden Genuss.

❶ Rosenkohl putzen, waschen und Röschen halbieren. Lauch und Selleriestange waschen und in feine Streifen schneiden. Zwiebel schälen und fein hacken.

❷ Olivenöl in einem großen Topf erhitzen und Zwiebel darin glasig dünsten. Gemüsestücke zugeben und kurz andünsten. Mit Brühe aufgießen und Gemüse ca. 20 Minuten im geschlossenen Topf köcheln lassen.

❸ Suppe mit Salz, geriebener Muskatnuss und frisch gemahlenem Pfeffer abschmecken. Basilikum waschen und Blättchen in feine Streifen schneiden, in die Suppe geben. Suppe auf zwei große Teller verteilen und mit Parmesan bestreuen.

Für 2 Personen, pro Portion ca. 118 kcal

Gemüsebrühe

1/2 kleiner Wirsing oder Weißkohl
1 Kohlrabi
4 große Möhren
2 Stangen Lauch
1/2 Knollensellerie
3 Stangen Bleichsellerie
1/4 Blumenkohl oder 1 Brokkoli
1 Zwiebel
3 Knoblauchzehen
1/2 Bund Petersilie
2 Zweige Thymian
1 Lorbeerblatt
1 Teelöffel schwarze Pfefferkörner
Salz

Die vegetarische Variante der Bouillon benötigt man als Basis für viele Gerichte. Neben den im Rezept verwendeten Gemüsesorten können auch viele andere verwendet werden. Auch die Mengenangaben sind variabel. Das gekochte Gemüse kann gut cremig püriert und mit Sahne verfeinert werden.

❶ Gemüse waschen und putzen. Je nach Sorte klein würfeln, in dünne Ringe schneiden oder in Röschen teilen.

❷ Vorbereitetes Gemüse, Kräuter und Gewürze in einen hohen Topf geben und mit 1 l kaltem Wasser bedecken.

❸ Brühe ca. 40 Minuten ohne Deckel köcheln lassen und wiederholt abschäumen. Durch ein Sieb abgießen und das Gemüse anderweitig verwenden.

Für 4 Personen, pro Portion ca. 15 kcal

Bohnen-Tomaten-Eintopf

Besonders in der kalten Jahreszeit bewährt sich der Bohnen-Tomaten-Eintopf als Energiebringer. Der Duft des Bohnenkrauts, der sich beim Kochen entfaltet, ist zudem ein würziger Muntermacher für die Seele.

2 Zwiebeln
4 Knoblauchzehen
800 g Fleischtomaten
2 Esslöffel Olivenöl
2 Esslöffel Tomaten-Ketschup
1 Dose grüne Bohnen (400 g)
1 l Gemüsebrühe
2 Teelöffel Balsamico-Essig
Salz
weißer Pfeffer
1 Zweig Bohnenkraut

❶ Zwiebeln und Knoblauchzehen abziehen und in Scheiben schneiden. Tomaten häuten und in mundgerechte Stücke schneiden.

❷ Öl in einem großen Topf erhitzen, Zwiebeln und Knoblauch darin andünsten. Tomaten-Ketschup unterrühren. Tomatenstücke zugeben und kurz mitdünsten.

❸ Grüne Bohnen abtropfen lassen und in den Topf geben. Mit Gemüsebrühe aufgießen und mit Essig, Salz und Pfeffer abschmecken. Bohnenkraut zufügen und Suppe zum Kochen bringen. Hitze reduzieren, alles ca. 30 Minuten köcheln lassen. Ab und zu umrühren.

❹ Nach der Garzeit das Bohnenkraut entfernen und den Eintopf nach Belieben abschmecken.

Für 4 Personen, pro Portion ca. 161 kcal

Bärlauchcremesuppe

Im Frühjahr sprießt der Bärlauch, wilder Knoblauch, mit dem sich wunderbar aromatische Gerichte zubereiten lassen. Seine langen, sichelförmigen Blätter finden sich zum Beispiel unter schattigen Bäumen oder an Bachläufen. Man bekommt ihn aber auch auf Wochenmärkten oder im Naturkostladen.

3 Frühlingszwiebeln
3 mittelgroße Kartoffeln
2 Esslöffel Butter
750 ml Gemüsebrühe
250 ml Sahne
50 g Bärlauch
Salz
frisch gemahlener Pfeffer

❶ Frühlingszwiebeln putzen, waschen und in feine Ringe schneiden. Kartoffeln schälen und achteln, Butter im Suppentopf schmelzen lassen, Zwiebeln und Kartoffeln 5 Minuten andünsten.

❷ Mit Gemüsebrühe aufgießen und 20–25 Minuten kochen lassen. Suppe fein pürieren, Sahne unterrühren und noch einmal aufkochen.

❸ Bärlauch waschen, fein hacken und unterrühren. Suppe mit Salz und frisch gemahlenem Pfeffer abschmecken.

Für 4 Personen, pro Portion ca. 240 kcal

Kokos-Möhren-Suppe

Diese Möhrensuppe liefert dem Körper viel Carotin, das in das lebenswichtige Vitamin A umgewandelt wird. Da der Organismus dieses Vitamin nur in Verbindung mit Fett aufnehmen kann, sollte immer etwas Öl oder Sahne in dazugegeben werden – ein Teelöffel genügt schon!

1 Frühlingszwiebel
1 Teelöffel Sonnenblumenöl
3 große Möhren
1 Teelöffel Zitronensaft
125 ml Gemüsebrühe
50 ml Kokosmilch
1 Msp. Curry
Salz
Cayennepfeffer
einige frische Korianderblätter

❶ Frühlingszwiebel putzen, waschen und fein hacken. Sonnenblumenöl in einer Kasserolle erhitzen und Zwiebeln darin leicht andünsten. Möhren schälen, putzen und in Scheiben schneiden, zu den Zwiebeln in den Topf geben und unter Rühren einige Minuten mitdünsten.

❷ Zitronensaft über die Möhren träufeln, mit Gemüsebrühe aufgießen und alles ca. 15 Minuten köcheln lassen. Gemüse mit dem Mixstab pürieren, Kokosmilch zugeben und Suppe noch einmal kurz erhitzen. Sollte die Suppe zu dickflüssig sein, noch etwas Gemüsebrühe zugeben.

❸ Möhrensuppe mit Curry, wenig Salz und Cayennepfeffer abschmecken. Korianderblätter waschen, Blättchen grob hacken und über die Suppe streuen.

Für 1 Person, pro Portion ca. 118 kcal

Spinatcremesuppe

Für eine köstliche Cremesuppe wie diese braucht man nur wenig Zutaten. Die Pinienkerne geben der Suppe den nötigen Pfiff.

1 Esslöffel Butter
2 Schalotten
300 g frischer Spinat
750 ml Gemüsebrühe
1 große mehlig kochende Kartoffel
Muskatnuss
Salz
frisch gemahlener weißer Pfeffer
100 g Crème fraîche
50 g Pinienkerne

❶ Butter in einer großen Kasserolle erhitzen, Schalotten schälen und fein hacken, in der Butter glasig dünsten. Spinat waschen und zu den Schalotten geben. Andünsten, bis der Spinat leicht zusammenfällt.

❷ Gemüsebrühe zugießen, Kartoffel schälen und in kleine Würfel schneiden, ebenfalls zu der Brühe geben und 10–15 Minuten bei geschlossenem Deckel köcheln lassen, bis die Kartoffeln weich sind.

❸ Suppe pürieren und mit geriebener Muskatnuss, Salz und Pfeffer würzen. Crème fraîche bei schwacher Hitze unter die Suppe ziehen, diese jedoch nicht mehr kochen lassen.

❹ Suppe auf Schälchen verteilen, Pinienkerne hacken und darüber streuen. Mit frischem Weißbrot servieren.

Für 4 Personen, pro Portion ca. 250 kcal

Italienische Spargelsuppe

Wie der Name schon kundtut, stand bei diesem Rezept der sonnige Himmel Italiens Pate. Croûtons gibt es auch dort, nur ist ihr italienischer Name nicht ganz so geläufig, nämlich: Crostini.

500 g grüner Spargel
20 g Butter
20 g Olivenöl
3 Zwiebeln
Salz
2 l Gemüsebrühe
1 Bund Petersilie
100 g Parmesan, fein gerieben
Croûtons

❶ Spargel waschen, holzige Enden entfernen, die Köpfe abschneiden.

❷ Butter und Öl in einem großflächigen Topf erhitzen, fein gehackte Zwiebeln darin goldgelb dünsten. Spargelstangen zugeben, einige Minuten garen, salzen, mit Gemüsebrühe aufgießen, ca. 1 Stunde bei schwacher Hitze köcheln.

❸ Spargelsud durch ein Sieb in einen zweiten Topf abgießen, Spargel durch das Sieb streichen, gut mit dem Sud verrühren und Spargelköpfe zugeben. Weitere 5 Minuten köcheln.

❹ Suppe mit fein gehackter Petersilie bestreuen, mit Parmesan und Croûtons servieren.

Für 4 Personen, pro Portion ca. 339 kcal

Avocadocremesuppe

Diese Avocadosuppe wird heiß serviert und sollte mit geröstetem Brot gereicht werden. Da Avocados viele Nährstoffe enthalten, ist das Gericht eine ideale Zwischenmahlzeit.

2 reife Avocados
Saft von 1 Zitrone
750 ml Gemüsebrühe
125 ml trockener Weißwein
Salz
frisch gemahlener weißer Pfeffer
125 g Crème fraîche

❶ Avocados halbieren, Kern herausdrehen, Haut abschälen und Avocados grob zerteilen. Fruchtfleisch unverzüglich mit Zitronensaft beträufeln, damit es sich nicht braun verfärbt.

❷ Avocadostücke mit einer Gabel zerdrücken und mit dem Mixstab pürieren, nach und nach Gemüsebrühe und Weißwein zugießen und unterrühren. Nur so viel Flüssigkeit zugießen, bis die Suppe eine cremige Konsistenz erreicht hat.

❸ Avocadocreme salzen und pfeffern, Crème fraîche zugeben und kurz aufkochen lassen. In Suppentassen füllen und nach Belieben mit gerösteten Brotwürfeln servieren.

Für 4 Personen, pro Portion ca. 270 kcal

Champignoncremesuppe

Für die milde, cremige Pilzsuppe sollte man unbedingt frische Champignons verwenden. Viel frische Petersilie, etwas Weißwein und Sahne machen daraus einen Gaumenschmeichler.

3 Frühlingszwiebeln
2 Esslöffel Butter
250 g frische Champignons
3 Esslöffel Mehl
125 ml Milch
500 ml Gemüsebrühe
125 ml Weißwein
125 ml Sahne
Salz
frisch gemahlener weißer Pfeffer
Muskatnuss
1 Bund Petersilie
geröstete Brotwürfel

❶ Frühlingszwiebeln putzen, waschen und in feine Ringe schneiden, Butter in einer großen Kasserolle zerlassen und Zwiebeln darin andünsten.

❷ Champignons mit einem Küchentuch abreiben, in dünne Scheiben schneiden und ebenfalls kurz andünsten. Mehl darüber stäuben und verrühren, nach ca. 2 Minuten mit der kalten Milch aufgießen und sorgfältig verrühren, damit keine Klümpchen entstehen.

❸ Gemüsebrühe und Weißwein zugießen, 15 Minuten köcheln lassen, Suppe pürieren. Sahne zugeben, Suppe noch einmal kurz aufkochen, vom Herd nehmen und dann mit Salz, Pfeffer und etwas geriebener Muskatnuss würzen.

❹ Petersilie waschen und mit dem Wiegemesser fein hacken. Suppe in Schalen füllen, Petersilie darüber streuen und mit gerösten Brotwürfeln servieren.

Für 4 Personen, pro Portion ca. 200 kcal

Weißkohlsuppe

Weißkohl und Kartoffeln ergeben eine kräftige Suppe, die einem Eintopf ähnlich wird. Für die Zubereitung und Kochzeit sollte man genügend Zeit einrechnen, da der Kohl langsam schmoren muss.

1 kg Weißkohl
500 g Kartoffeln
1 Kohlrabi
1 Zwiebel
1 Esslöffel Butter
2 l Gemüsebrühe
Salz
frisch gemahlener Pfeffer

❶ Weißkohl achteln, waschen, Strunk und äußere Blätter entfernen. Noch ein- bis zweimal der Länge nach zerteilen. Kartoffeln und Kohlrabi schälen und in ca. 3 cm große Würfel schneiden.

❷ Zwiebel schälen und sehr fein hacken. Butter in einem großen Topf zerlassen und Zwiebeln darin goldgelb braten. Kartoffeln, Weißkohl und Kohlrabi zugeben und mit Brühe aufgießen. Gemüse mit geschlossenem Deckel ca. 1 1/2 Stunden bei schwacher Hitze köcheln lassen.

❸ Suppe mit Salz und Pfeffer abschmecken, auf große Teller verteilen und kräftiges Landbrot dazu reichen.

Für 4 Personen, pro Portion ca. 320 kcal

Paprika-Reis-Suppe

Suppen sollten fester Bestandteil des wöchentlichen Speiseplans sein – sie liefern viel Flüssigkeit, enthalten wenig Fett und lassen sich schnell zubereiten. Wenn man wie hier zum Gemüse noch Vollkornreis gibt, eignet sich dies auch als köstliches Hauptgericht.

2 Tomaten
2 rote Paprikaschoten
1 Chilischote
1 Knoblauchzehe
1 Zwiebel
1 Esslöffel Olivenöl
60 g Vollkornreis
1 l Gemüsebrühe
Salz
frisch gemahlener Pfeffer
einige Zweige frischer Oregano
1 Bund Schnittlauch

❶ Tomaten kreuzweise einschneiden, vom Stielansatz befreien, kurz mit kochendem Wasser überbrühen und Haut abziehen. Tomaten achteln. Paprikaschoten putzen, waschen und in feine Streifen schneiden. Chilischote der Länge nach aufschneiden, entkernen und in kleine Stücke schneiden.

❷ Knoblauchzehe und Zwiebel schälen und fein hacken, Olivenöl in einem großen Topf erhitzen, Knoblauch und Zwiebel darin glasig dünsten. Gemüse zufügen und kurz mitdünsten.

❸ Vollkornreis waschen und zum Gemüse geben. Mit Brühe aufgießen und alles im geschlossenen Topf ca. 20–25 Minuten bei schwacher Hitze köcheln lassen, bis der Reis gar ist.

❹ Suppe mit Salz und Pfeffer abschmecken. Oregano und Schnittlauch waschen, fein schneiden und über die Suppe streuen.

Für 2 Personen, pro Portion ca. 215 kcal

Brennnesselsuppe

Junge Brennnesseln haben einen fein-säuerlichen Geschmack und sind reich an Vitaminen. Außerdem schonen sie die Haushaltskasse, da man sie selber sammeln muss. Brennnesseln kann man übrigens auch wie Spinat als Gemüse oder als Salat zubereiten.

8 Hand voll Brennnesseln
750 ml Gemüsebrühe
2 Schalotten
1 Knoblauchzehe
2 Esslöffel Butter
2 Esslöffel Mehl
250 ml Milch
2 gekochte Kartoffeln
1 Esslöffel Öl
Salz
Pfeffer aus der Mühle
4 Esslöffel Sauerrahm

❶ Brennnesseln waschen, verlesen und mit der Brühe 7 Minuten köcheln lassen. In ein Sieb geben, Kochflüssigkeit aufbewahren.

❷ Schalotten und Knoblauch schälen, fein würfeln und in der aufgeschäumten Butter glasig werden lassen. Mehl darüber stauben, kurz anschwitzen und Milch langsam mit einem Schneebesen einrühren.

❸ Brennnesselsud zugeben und 15 Minuten köcheln lassen.

❹ Inzwischen Kartoffeln schälen und in kleine Würfel schneiden. Im heißen Öl goldbraun braten.

❺ Brennnesseln in die Suppe geben und mit Mixstab pürieren. Mit Salz und Pfeffer abschmecken.

❻ Suppe in Schalen anrichten. Mit Sauerrahm und gebratenen Kartoffelwürfeln garniert servieren.

Für 4 Personen, pro Portion ca. 240 kcal

Grünkernsuppe

Grünkern ist noch unreifes Dinkelkorn, das beim Darren (Rösten) einen kräftigen, nussähnlichen Geschmack entwickelt. Grünkern ist als ganzes Korn, geschrotet und als Mehl in Naturkostläden erhältlich.

75 g Grünkernmehl
3 Esslöffel Milch
1 l Gemüsebrühe
1 Eigelb
125 ml Sahne
Salz
frisch gemahlener Pfeffer

❶ Grünkernmehl mit 3 Esslöffel kalter Milch verrühren.

❷ Gemüsebrühe erhitzen und Grünkernmehl-Milch-Mischung langsam zugießen. Sorgfältig mit dem Schneebesen verrühren. Suppe ca. 25 Minuten bei schwacher Hitze und geschlossenem Deckel kochen.

❸ Eigelb mit Sahne verquirlen und unter die Suppe rühren. Suppe nicht mehr kochen lassen, mit Salz und Pfeffer abschmecken.

Für 4 Personen, pro Portion ca. 160 kcal

Brunnenkressesuppe

Brunnenkresse wächst wild in Bächen und an seichten Stellen von Teichen. Sie wird wegen ihres pikanten Geschmacks und des hohen Eisengehalts geschätzt. Man kann die Suppe auch mit Gartenkresse zubereiten.

1 Bund Brunnenkresse
750 ml Gemüsebrühe
250 ml Milch
2 gestrichene Esslöffel Speisestärke
Saft von 1/2 Zitrone
Salz
weißer Pfeffer aus der Mühle
100 ml Sahne
2 Eigelbe
2 hart gekochte Eier

❶ Brunnenkresse waschen, verlesen, trocken schleudern und grob hacken.

❷ Brühe und Milch in einem Topf erhitzen. Die mit wenig kaltem Wasser glatt gerührte Speisestärke mit dem Schneebesen einrühren. 5 Minuten köcheln lassen. Mit Zitronensaft, Salz und Pfeffer abschmecken.

❸ Sahne mit dem Eigelb verquirlen, hart gekochte Eier schälen und klein hacken.

❹ Suppe vom Herd nehmen und mit Eiersahne binden.

❺ Gehackte Kresse auf Teller verteilen, Suppe darüber geben und mit gehacktem Ei garniert servieren.

Für 4 Personen, pro Portion ca. 230 kcal

Kürbis-Reis-Suppe

Von riesengroß bis handlich klein leuchten uns die Kürbisse im Herbst auf den Märkten entgegen. Am aromatischsten schmecken die Muskatkürbisse oder die kleinen Hokkaidos. Dieses abwechslungsreiche und den ganzen Winter haltbare Gemüse erscheint hier als eine süße Suppe, die auch Kindern gut schmeckt.

500 g Kürbis
500 ml Milch
40 g Milchreis
50 g geriebene Mandeln
Salz
2 Esslöffel Rosenwasser
Zimt
Zucker
4 Esslöffel Sauerrahm

❶ Kürbis schälen, Kerne ausschaben und Fruchtfleisch würfeln. Mit 250 ml Wasser ca. 30 Minuten weich kochen und mit dem Mixstab pürieren.

❷ Milch erhitzen. Reis zugeben und bei geringer Hitze ausquellen lassen.

❸ Mandeln unterrühren. Suppe mit Salz und Rosenwasser abschmecken. Mit Zimt und Zucker und einem Klecks Sauerrahm servieren.

Für 4 Personen, pro Portion ca. 240 kcal

Kräutercremesuppe

Insgesamt 150 g frische Kräuter (z. B. Kerbel, Estragon, Petersilie, Schnittlauch, Sauerampfer, Dill, Brunnenkresse oder Zitronenmelisse)

1 Esslöffel Zitronensaft

3 Frühlingszwiebeln

1 Esslöffel Butter

1 Esslöffel Speisestärke

500 ml Gemüsebrühe

125 ml Weißwein

125 ml Sahne

Salz

frisch gemahlener Pfeffer

Muskatnuss

Welche Kräuter für diese Suppe verwendet werden, kann man je nach dem Angebot auf dem Markt entscheiden – jedenfalls sollten es mindestens vier verschiedene Sorten sein, damit die Suppe richtig aromatisch schmeckt. Als Basis dient eine feine Gemüsebrühe, die abschließend mit Sahne verfeinert wird.

❶ Kräuter waschen, mit einem Küchentuch trockentupfen und Blätter von den Stielen zupfen. Mit einem Wiegemesser auf einem großen Brett fein hacken und mit Zitronensaft beträufeln.

❷ Frühlingszwiebeln putzen und in feine Röllchen schneiden. Butter zerlassen und Zwiebeln darin andünsten. Mit Speisestärke bestäuben und Gemüsebrühe zugießen, sorgfältig verrühren, damit keine Klümpchen entstehen.

❸ Weißwein und Sahne zugeben, einige Minuten köcheln lassen. Gehackte Kräuter zufügen und 5 Minuten ziehen lassen, jedoch nicht mehr kochen!

❹ Heiße Suppe mit Salz, Pfeffer und geriebener Muskatnuss würzen und mit in Butter gerösteten Brotwürfeln servieren.

Für 4 Personen, pro Portion ca. 180 kcal

Braune Kartoffelsuppe

Die Kartoffelsuppe erfreut sich in Deutschland großer Beliebtheit und kennt ungezählte Varianten. Für den typischen »kartoffeligen« Geschmack ist es besonders wichtig, eine gute Sorte zu verwenden. Ihre schöne, braune Farbe bekommt diese Suppe nach altem Rezept durch das gleichmäßige Anbräunen der Zutaten.

500 g mehlig kochende Kartoffeln
1/4 Knollensellerie
1 Petersilienwurzel
1 kleine Zwiebel
50 g Butterschmalz
1 l Gemüsebrühe
1 Lorbeerblatt
100 g Crème fraîche
Salz
Pfeffer aus der Mühle
2 Esslöffel gehackte Petersilie

❶ Kartoffeln unter fließendem Wasser gründlich abschrubben, schälen und in Würfel schneiden. Gemüse und Zwiebel putzen, klein würfeln und zusammen mit den Kartoffeln im Butterschmalz bei mittlerer Hitze unter Rühren schön gleichmäßig bräunen.

❷ Mit Brühe ablöschen, Röststoffe mit dem Kochlöffel vom Topfboden lösen, das Lorbeerblatt zugeben und das Gemüse im geschlossenen Topf ca. 40 Minuten kochen.

❸ Lorbeerblatt entfernen, Suppe mit dem Mixstab pürieren und Crème fraîche unterrühren. Mit Salz und Pfeffer abschmecken. Vor dem Servieren mit Petersilie bestreuen.

Für 4 Personen, pro Portion ca. 310 kcal

Milchsuppe

Für die Milchsuppe stellt man kleine nudelähnliche Klößchen aus Roggenmehl, Käse und Wasser her, die in Milch gekocht werden und die Suppe sämig machen.

70 g Roggenmehl
50 g geriebener Emmentaler
500 ml Milch
500 ml Buttermilch
Salz
frisch gemahlener weißer Pfeffer
Muskatnuss

❶ Roggenmehl mit geriebenem Emmentaler und 3–4 Esslöffel Wasser zu einem festen Teig verkneten. Sollte der Teig bröseln, noch etwas Wasser zugeben.

❷ Teig 15 Minuten kühl stellen, dann Teigkloß auf ein Holzbrett geben, flach drücken und mit einem Wiegemesser zu kurzen Nudeln schneiden.

❸ Milch, Buttermilch und Salz zusammen aufkochen, Nudeln hineingeben und ca. 5 Minuten bei schwacher Hitze ziehen lassen. Milchsuppe mit Salz, Pfeffer und geriebener Muskatnuss abschmecken

Für 4 Personen, pro Portion ca. 160 kcal

Mediterrane Gemüsesuppe

Mit den typischen Zutaten aus der südländischen Küche ist diese Suppe ein perfektes Sommeressen. Sie sollte gut gekühlt serviert werden. Man reicht dazu knuspriges Baguette und einen trockenen Weißwein – am besten gleich den, mit dem man auch die Suppe gekocht hat.

5 Zwiebeln
4 Esslöffel Olivenöl
50 g Pinienkerne
1 Teelöffel grobes Meersalz
einige Blätter frisches Basilikum
3 Knoblauchzehen
250 g Zucchini
250 g Auberginen
1 große rote Paprikaschote
250 g Tomaten
1 Lorbeerblatt
15 Pfefferkörner
2 frische Zweige Thymian
2 frische Zweige Rosmarin
2 frische Zweige Oregano
(alternativ zu den frischen Kräutern: 1 Esslöffel getrocknete Provence-Kräuter)
250 ml Weißwein
Salz
frisch gemahlener Pfeffer

❶ Zwiebeln schälen und fein hacken. Olivenöl in einer großen Kasserolle erhitzen und Zwiebeln darin glasig dünsten. Pinienkerne, Meersalz, Basilikumblätter und geschälten Knoblauch in einem Mörser zerstoßen und zu den Zwiebeln geben.

❷ Zucchini, Auberginen, Paprikaschote und Tomaten waschen, putzen und in ca. 2 cm große Stücke schneiden. Gemüse in den Topf geben und kurz andünsten.

❸ Gewürze und Kräuter in ein Baumwollsäckchen (oder in ein Teesieb) geben und in den Topf zum Gemüse legen. Weißwein zugießen und bei geschlossenem Deckel 20 Minuten lang köcheln lassen.

❹ Gewürzbeutel entfernen, Suppe pürieren und anschließend durch ein feines Sieb passieren. Noch einmal mit Salz und frisch gemahlenem Pfeffer abschmecken und 2 Stunden kühl stellen.

Für 4 Personen, pro Portion ca. 280 kcal

Lauchsuppe mit Safran

Diese Suppe vereint zwei interessante Aromen miteinander und sieht durch das leuchtende Orange-Gelb des Safrans auch sehr apart aus. Für ein festliches Menü ist es ein hervorragende Vorspeise – das Lob der Gäste ist Ihnen sicher.

2 große Stangen Lauch
250 g mehlig kochende Kartoffeln
Salz
1 Knoblauchzehe
2 Esslöffel Öl
750 ml Gemüsebrühe
30 g Butter
1/2 Teelöffel Safranfäden
2 Esslöffel Crème fraîche
Salz
weißer Pfeffer aus der Mühle
Muskatnuss

❶ Nur die weißen und hellgrünen Teile des Lauchs putzen, waschen und in dünne Ringe schneiden. Kartoffeln schälen und in kleine Würfel schneiden.

❷ Ein Drittel der Lauchringe kurz in kochendem Salzwasser bissfest blanchieren und sofort in Eiswasser abschrecken. In einem Sieb abtropfen lassen. Die Knoblauchzehe schälen und zerdrücken.

❸ Öl in einem Topf erhitzen und restlichen Lauch mit Kartoffeln und Knoblauch darin kurz anbraten, aber nicht braun werden lassen. Mit der Brühe auffüllen und ca. 20 Minuten köcheln lassen.

❹ Inzwischen Butter in einem kleinen Topf aufschäumen, die blanchierten Lauchsteifen und die Safranfäden zufügen und mit 4 Esslöffeln Wasser ablöschen.

❺ Suppe pürieren, Crème fraîche unterziehen und mit Salz, Pfeffer und frisch geriebener Muskatnuss würzen.

❻ Suppe in vorgewärmte Teller füllen, mit Lauchringen garnieren und der Safransauce eine Spirale in die Suppe ziehen.

Für 4 Personen, pro Portion ca. 240 kcal

Sauerampfersuppe

Das wild wachsende Kraut mit seinem leicht säuerlichen Geschmack kann man im Frühjahr selbst pflücken oder beim Gemüsehändler das ganze Jahr über kaufen.

250 g Sauerampfer
25 g Butter
100 ml trockener Weißwein
500 ml Gemüsebrühe
2 gekochte Kartoffeln, geschält
100 g Crème fraîche
weißer Pfeffer aus der Mühle
Salz

❶ Sauerampfer waschen, verlesen, trocken schleudern und in feine Streifen schneiden.

❷ Butter in einem Topf schmelzen, zwei Drittel des Sauerampfers, Wein und Gemüsebrühe zugeben und 7 Minuten köcheln lassen. Die Kartoffeln würfeln, zugeben, Suppe pürieren und durch ein Sieb passieren.

❸ Crème fraîche in die Suppe rühren, mit Salz und Pfeffer abschmecken. Die Suppe nochmals kurz erwärmen und mit restlichen Sauerampferstreifen garnieren.

Für 4 Personen, pro Portion ca. 230 kcal

Kerbelsuppe

Die Kerbel- oder Kräutlsuppe isst man in Bayern traditionell am Gründonnerstag. Sie sollte stets mit frischem Kerbel zubereitet werden und kann mit Sahne oder Crème fraîche verfeinert werden.

2 Frühlingszwiebeln
50 g Butter
2 Esslöffel Speisestärke
1 l Gemüsebrühe
1 großer Bund Kerbel
Salz
frisch gemahlener weißer Pfeffer
nach Belieben 100 ml Sahne oder 2 Esslöffel Crème fraîche

❶ Frühlingszwiebeln putzen und in feine Röllchen schneiden. Butter in einer großen Kasserolle zerlassen und Zwiebeln darin andünsten. Speisestärke darüber sieben und einige Minuten mit anbraten.

❷ Gemüsebrühe zugießen, mit dem Schneebesen verrühren und 30 Minuten köcheln lassen. Kerbel waschen, einige Zweige zum Garnieren beiseite legen. Restliche Blättchen von den Stielen zupfen und fein hacken.

❸ Kerbel zugeben und nach Belieben Sahne oder Crème fraîche unterziehen. Suppe warm halten, jedoch nicht mehr kochen!

❹ Mit Salz und Pfeffer abschmecken, auf Suppentassen verteilen und mit den Kerbelzweigen garnieren.

Für 4 Personen, pro Portion ca. 230 kcal

Gazpacho

Gazpacho, eine erfrischende Gemüsesuppe, ist eine spanische Spezialität, die eiskalt aufgetragen wird. Sie kann nach Belieben auch mit Eiswasser verdünnt werden. Neben gerösteten Brotwürfeln werden verschiedene Schälchen mit feinen Würfeln von Gurke, Paprika, Tomaten und Zwiebeln zur Suppe gereicht.

800 g reife Tomaten
2 Zwiebeln
2–3 Knoblauchzehen
1 Salatgurke
1 grüne Paprikaschote
1 rote Paprikaschote
3 Esslöffel Olivenöl
1 Esslöffel Weinessig
Salz
frisch gemahlener Pfeffer
2–3 Scheiben Weißbrot, entrindet
25 g Butter

❶ Tomaten häuten, vierteln und entkernen. Zwiebeln und Knoblauchzehen abziehen. Gurke schälen, längs halbieren, entkernen und würfeln. Paprikaschoten halbieren, entkernen und achteln.

❷ Jeweils 1⁄3 der Tomaten, Zwiebeln, Knoblauch, Gurke und Paprikaschoten würfeln. Den Rest mit Öl und Essig im Mixer pürieren, mit Salz und Pfeffer abschmecken. Gazpacho in einer Schüssel im Kühlschrank abgedeckt kalt stellen.

❸ Kurz vor dem Servieren Weißbrotscheiben würfeln. Butter in einer Pfanne erhitzen, Brotwürfel darin goldbraun rösten. Wie die Gemüsewürfel in einer kleinen Schale zur Suppe reichen.

Für 4 Personen, pro Portion ca. 250 kcal

Steinpilz-Tortellini-Suppe

Frische Steinpilze geben der Suppe ein herrliches Aroma. Falls keine frischen verfügbar sind, lassen sich auch gut getrocknete Pilze verwenden; diese sollten dann zwei Stunden vorher in kaltem Wasser eingeweicht werden.

4 kleine feste Steinpilze
2 Schalotten
1 Esslöffel Butter
1 l Gemüsebrühe
150 g frische Tortellini, mit Käse gefüllt
1 Bund Kerbel

❶ Steinpilze putzen und in feine Scheiben schneiden. Scheibchen in möglichst kleine Würfel schneiden. Schalotten schälen und fein hacken.

❷ Butter in einer großen Kasserolle zerlassen, Schalotten darin glasig braten, Steinpilze zugeben und andünsten.

❸ Gemüsebrühe zugießen, ca. 2 Minuten köcheln lassen. Tortellini zugeben und in der Brühe ca. 5 Minuten garen; sie sollten noch bissfest sein. Kerbel waschen und fein hacken, in die heiße Suppe geben. In großen Tellern servieren.

Für 4 Personen, pro Portion ca. 150 kcal

Möhrencremesuppe

Fein-mild und leicht süßlich im Geschmack ist die Möhrencremesuppe mit Kartoffeln ein wahrer Gaumenschmeichler. Perfekt entfaltet sich das Aroma der Suppe, wenn man sie mit etwas Crème fraîche abrundet.

2 Esslöffel Butter
2 Schalotten
500 g Möhren
200 g mehlig kochende Kartoffeln
750 ml Gemüsebrühe
250 ml Milch
125 ml Crème fraîche
Salz
frisch gemahlener weißer Pfeffer
Muskatnuss
Saft von 1 Orange
1 Bund glatte Petersilie
geröstete Weißbrotwürfel

❶ Butter in einem großen Suppentopf zerlassen, Schalotten schälen und fein hacken, glasig dünsten.

❷ Möhren und Kartoffeln schälen, würfeln, zu den Schalotten geben und andünsten. Mit Gemüsebrühe und Milch aufgießen, ca. 20 Minuten bei geschlossenem Deckel und schwacher Hitze köcheln lassen.

❸ Suppe vom Herd nehmen, pürieren und Crème fraîche unterziehen. Sollte die Suppe zu dickflüssig sein, etwas Milch zugeben und noch einmal kurz aufkochen. Möhrensuppe mit Salz, Pfeffer, etwas geriebener Muskatnuss und dem Orangensaft abschmecken.

❹ Petersilie waschen, Blättchen von den Stielen zupfen und fein hacken. Suppe auf Teller verteilen, Petersilie darüber streuen und mit in Butter gerösteten Weißbrotwürfeln servieren.

Für 4 Personen, pro Portion ca. 270 kcal

Erdnuss-Suppe

3 Schalotten
3 Frühlingszwiebeln
1 Esslöffel Butter
1 Esslöffel Tomatenmark
Chilipulver
Salz
750 ml Gemüsebrühe
5 Esslöffel Erdnussbutter
3 Esslöffel Kokosmilch
frisch gemahlener weißer Pfeffer
1 Esslöffel Zitronensaft

Das Rezept für diese ungewöhnliche, aber köstlich schmeckende Suppe stammt aus Westafrika. Dort werden Erdnüsse angebaut, aus denen sich sowohl süße als auch pikante Gerichte zubereiten lassen. Die raffinierte Würze erhält die Suppe durch Chilipulver und Zitronensaft.

❶ Schalotten und 3 Frühlingszwiebeln schälen und fein hacken. Butter in einer großen Kasserolle zerlassen und Zwiebeln darin goldgelb rösten.

❷ Tomatenmark unterrühren und mit etwas Chilipulver und Salz würzen. Mit 250 ml Gemüsebrühe aufgießen und zehn Minuten köcheln lassen.

❸ Kasserolle vom Herd nehmen und Suppe pürieren. Restliche Gemüsebrühe zugießen und langsam erhitzen. Erdnussbutter nach und nach löffelweise in die warme Suppe geben und mit einem Schneebesen sorgfältig unterrühren.

❹ Kokosmilch zufügen und die Suppe noch einige Minuten schwach köcheln lassen. Mit Salz, frisch gemahlenem Pfeffer und Zitronensaft abschmecken.

Für 4 Personen, pro Portion ca. 200 kcal

Zitronen-Reis-Suppe

1 l Gemüsebrühe
Saft von 2 Zitronen
2 Stängel Zitronengras
2 Frühlingszwiebeln
4 Esslöffel Basmati-Reis
1 Teelöffel Zucker
1 Esslöffel trockener Sherry
Salz
frisch gemahlener Pfeffer
Sojasauce
abgeriebene Schale von 1 unbehandelten Zitrone
1 unbehandelte Zitrone
einige Minzeblätter

Die Zitronensuppe enthält Anklänge an die asiatische Küche und ist sehr leicht und aromatisch. Sie wird mit unbehandelten Zitronen und Reis zubereitet und sollte heiß serviert werden.

❶ Gemüsebrühe und Zitronensaft in einer großen Kasserolle zum Kochen bringen. Zitronengrasstängel leicht flachklopfen und in die Brühe geben. Frühlingszwiebeln putzen, in feine Röllchen schneiden und zufügen.

❷ Reis waschen und in die kochende Brühe einrühren. Bei schwacher Hitze und geschlossenem Deckel ca. 20 Minuten lang ziehen lassen. Zitronengrasstängel wieder entfernen.

❸ Zitronen-Reis-Suppe mit Zucker, Sherry, Salz, Pfeffer und einem Spritzer Sojasauce pikant abschmecken. Zitronenschale zugeben und Suppe noch 3–4 Minuten ziehen lassen.

❹ Zitrone waschen, in Achtel schneiden, Suppe in asiatische Suppenschalen füllen, mit Zitronenachteln und Minzeblättern garnieren.

Für 4 Personen, pro Portion ca. 70 kcal

10 Artischockenherzen (eingelegt)
2 Zwiebeln
40 g Butter
Saft von 1/2 Zitrone
1 l Gemüsebrühe
Salz
frisch gemahlener Pfeffer
250 ml Sahne
4 Artischockenböden (eingelegt)
geriebener Parmesan
50 g Kerbel

Artischockensuppe

Zu einem italienischen Menü passt eine Artischockensuppe hervorragend. Sollten keine frischen Artischocken dafür verfügbar sein, lassen sich auch eingelegte verwenden – dadurch reduziert sich die Kochzeit um 10 Minuten.

❶ Artischockenherzen waschen, harte Spitzen abschneiden. Zwiebeln schälen, vierteln; in einem Suppentopf Butter zerlassen und Zwiebeln darin glasig dünsten.

❷ Artischockenherzen zugeben, Zitronensaft darüber träufeln und ca. 5 Minuten andünsten. Gemüsebrühe zugießen und Suppe 20 Minuten köcheln lassen. Topf vom Herd nehmen, Suppe mit dem Mixstab pürieren und durch ein feines Sieb streichen.

❸ Artischockensuppe salzen und pfeffern, Sahne zugeben und noch einmal kurz aufkochen lassen.

❹ Artischockenböden mit Parmesan bestreuen und kurz im Ofen überbacken. Suppe auf Teller verteilen, mit je einem Artischockenboden garnieren. Kerbel waschen, Blättchen fein hacken und über die Suppe streuen.

Für 4 Personen, pro Portion ca. 320 kcal

Kalte sommerliche Gemüsesuppe

An heißen Sommertagen ist diese pürierte Gemüsesuppe eine köstliche Erfischung, die auch in unseren Breiten Urlaubserinnerungen an die Provence weckt. Sie können zu der Suppe auch klein gewürfeltes rohes Gemüse und geröstete Brotwürfel servieren.

5 Schalotten
3 Knoblauchzehen
2 kleine Zucchini
1 Aubergine
1 rote Paprikaschote
2 Tomaten
5 Esslöffel Olivenöl
1 Lorbeerblatt
2 Zweige Thymian
1 Zweig Rosmarin
250 ml trockener Weißwein
250 ml Gemüsebrühe
Salz
Pfeffer aus der Mühle
1 Bund Basilikum

❶ Schalotten schälen und fein würfeln. Die Knoblauchzehen schälen und zerdrücken. Gemüse putzen, waschen und in kleine Stücke schneiden. Zum Garnieren ein Drittel der Zutaten in Öl kurz anbraten und zur Seite stellen.

❷ Olivenöl in einem Topf erhitzen, Schalotten und Knoblauch darin glasig werden lassen. Gemüsestücke dazugeben und leicht bräunen.

❸ Gewürze bis auf das Basilikum zugeben und mit Wein und Brühe ablöschen. Ca. 20 Minuten leise köcheln lassen.

❹ Kräuter entfernen, Suppe pürieren und durch ein Sieb passieren. Suppe vor dem Servieren kühl stellen, Basilikum waschen und die Blättchen in Streifen schneiden. Die gut gekühlte Suppe mit den Kräutern und den Gemüsewürfeln garnieren.

Für 4 Personen, pro Portion ca. 220 kcal

Minestrone

Jede italienische Hausfrau hat für »ihre« Minestrone eine eigenes Rezept. Es gehören immer verschiedene Gemüse, Hülsenfrüchte, Tomaten und Reis oder Nudeln mit hinein. Besonders aromatisch schmeckt die Suppe, wenn sie nochmals aufgewärmt wird. Probieren Sie die Minestrone im Sommer auch einmal eisgekühlt.

200 g getrocknete Bohnen
1 Gemüsezwiebel
2 Knoblauchzehen
2 Möhren
3 Stangen Bleichsellerie
2 Zucchini
1 Stange Lauch
2 Kartoffeln
3 große Tomaten
2 Esslöffel Olivenöl
2 l Gemüsebrühe
1 Lorbeerblatt
2 Zweige Thymian
Pfeffer aus der Mühle
Salz
125 g kleine Hartweizennudeln
Parmesan
3 Esslöffel gehackte Petersilie

❶ Bohnen über Nacht in kaltem Wasser einweichen, am nächsten Tag abgießen und abtropfen lassen.

❷ Die Gemüsezwiebel und den Knoblauch schälen, die Zwiebel fein hacken, den Knoblauch zerdrücken. Die Möhren schälen, den Bleichsellerie waschen, beides in Scheiben schneiden. Die Zucchini putzen, waschen und würfeln. Den Lauch putzen, waschen und in Ringe schneiden. Die Kartoffeln schälen und in 1 cm große Würfel schneiden. Die Tomaten überbrühen, häuten, entkernen und hacken.

❸ In einem Topf das Olivenöl erhitzen. Zwiebeln und Knoblauch hineingeben und glasig braten. Bohnen und restliches Gemüse bis auf die Tomaten zufügen und kurz andünsten.

❹ Tomaten und Brühe zugeben, Gewürze mit in den Topf geben. Bei milder Hitze ca. 2 Stunden köcheln lassen. Vor Ende der Garzeit entsprechend der Packungsanweisung die Nudeln zugeben.

❺ Suppe abschmecken, Parmesan darüber hobeln und mit Petersilie bestreut servieren.

Für 6 Personen, pro Portion ca. 420 kcal

Paprikasuppe

Reife Paprikaschoten geben dieser Suppe ein fruchtiges Aroma. Oregano und Knoblauch sowie frisch gemahlener bunter Pfeffer runden den Geschmack der roten Cremesuppe ab.

5 rote Paprikaschoten
1 rote scharfe Chilischote
1 Esslöffel Olivenöl
2 Knoblauchzehen
2 Zwiebeln
5 Tomaten
1 l Gemüsebrühe
Salz
grob gemahlener bunter Pfeffer
frischer Oregano

❶ Paprikaschoten vierteln, von Kernen und weißen Trennwänden befreien, mit der Haut nach oben auf den Backofenrost legen. Bei 200 °C ca. 10–15 Minuten grillen, bis die Haut Blasen wirft. Paprikaschoten herausnehmen, in einen Plastikbeutel geben und verschließen. 5 Minuten darin liegen lassen, herausnehmen und Haut abziehen.

❷ Chilischote waschen und in feine Ringe schneiden. Olivenöl erhitzen und Pfefferschote andünsten. Knoblauchzehen und Zwiebeln schälen, fein hacken, zur Pfefferschote geben und im Olivenöl glasig dünsten.

❸ Tomaten mit kochendem Wasser überbrühen und Haut abziehen. Fruchtfleisch zerkleinern und zu den Zwiebeln geben. Tomaten ca. 5 Minuten köcheln lassen, bis sie weich sind, zu den Paprikaschoten geben und fein pürieren.

❹ Tomaten-Paprikamus in einen großen Topf geben, mit Gemüsebrühe aufgießen und ca. 5 Minuten köcheln lassen. Mit Salz und buntem Pfeffer würzen. Mit fein gehacketem Oregano pikant abschmecken. Frisches Weißbrot dazu reichen.

Für 4 Personen, pro Portion ca. 70 kcal

Südtiroler Kastaniensuppe

Die herrlichen Kastanienbäume in Südtirol liefern jeden Herbst eine reiche Ernte, und deshalb gibt es zahlreiche Gerichte, in denen die nahrhaften und leicht süß schmeckenden Maroni auftauchen.

300 g Esskastanien
1 l Gemüsebrühe
125 ml trockener Weißwein
Salz
frisch gemahlener weißer Pfeffer
125 ml Sahne
1 Bund Kerbel

❶ Kastanien mit einem scharfen Messer an der Oberfläche kreuzweise einschneiden und auf ein Backblech legen. Im vorgeheizten Backofen bei 200 °C ca. 15 Minuten backen, bis die Schalen aufspringen.

❷ Heiße Kastanien sofort schälen. Gemüsebrühe erhitzen und Kastanien zugeben, 15 Minuten darin köcheln lassen. Kastanien in der Brühe mit einem Mixstab pürieren und anschließend Weißwein sowie etwas Salz und Pfeffer zufügen.

❸ Suppe mit Sahne verfeinern und noch einmal kurz aufkochen. Kerbel waschen und fein hacken, unter die Suppe rühren. Kastaniensuppe in Suppentassen geben und mit gerösteten Weißbrotwürfeln bestreuen.

Für 4 Personen, pro Portion ca. 240 kcal

Gerstenflockensuppe

Gerste ist eine der ältesten Getreidearten der Welt. Sie enthält viele Vitamine und Spurenelemente. Aus dem Korn lassen sich süße und pikante Speisen zubereiten. Mit Gerstenflocken lässt sich schnell eine vollwertige Suppe herstellen.

1 1/4 l Gemüsebrühe
6 Esslöffel Gerstenflocken
Salz
frisch gemahlener Pfeffer
Muskatnuss
1 Eigelb
125 g Sauerrahm
1 Bund Schnittlauch

❶ Gemüsebrühe in einem großen Suppentopf erhitzen. Gerstenflocken in die kochende Brühe einstreuen und Suppe ca. 30 Minuten köcheln lassen.

❷ Gerstenflockensuppe kräftig mit Salz, Pfeffer und geriebener Muskatnuss abschmecken. Suppe bei schwacher Hitze köcheln lassen, Eigelb und Sauerrahm verquirlen und langsam zu der Suppe gießen, mit einem Schneebesen sorgfältig verrühren.

❸ Schnittlauch waschen und in feine Röllchen schneiden. Gerstenflockensuppe auf Suppentassen verteilen und Schnittlauch darüber streuen.

Für 4 Personen, pro Portion ca. 110 kcal

Gemüse

Auberginen-Auflauf

Auberginen saugen beim Anbraten oder Grillen viel Öl auf. Doch es geht auch leichter: Für den Auflauf werden die Auberginenscheiben mit anderem Gemüse in etwas Salzwasser fettarm gegart und dann mit einer Jogurtsauce und Käse überbacken.

1 Aubergine
1 Zucchino
2 Kartoffeln
100 g Brokkoli
2 Möhren
Meersalz
2 Zwiebeln
1 Knoblauchzehe
1 Teelöffel Olivenöl
150 g fettarmer Jogurt (1,5 %)
1 Ei
1 Esslöffel getrocknete Kräuter der Provence
frisch gemahlener bunter Pfeffer
30 g fettreduzierter Schnittkäse

❶ Aubergine und Zucchino putzen, waschen und in ca. 1 cm dicke Scheiben schneiden. Kartoffeln schälen und ebenfalls in dicke Scheiben schneiden. Brokkoli waschen und in Röschen teilen, Möhren schälen und in dicke Stifte schneiden.

❷ 125 ml Wasser in einem großen Topf erhitzen, leicht salzen, Gemüsestücke hineingeben und alles zugedeckt ca. 10 Minuten bei schwacher Hitze garen.

❸ Zwiebeln und Knoblauchzehe schälen und fein hacken. Olivenöl in einer kleinen Pfanne erhitzen, Zwiebeln und Knoblauch darin glasig dünsten. Gemüsestücke abtropfen lassen, etwas Gemüsebrühe zurückbehalten. Abwechselnd Gemüsestücke und Zwiebel-Knoblauch-Mischung in eine Auflaufform schichten.

❹ Backofen auf 175 °C vorheizen.

❺ Jogurt mit Ei, 3 Esslöffeln Gemüsebrühe, Provence-Kräutern, Salz und Pfeffer kräftig verquirlen, über das Gemüse gießen. Schnittkäse reiben und darüber streuen. Auflauf im vorgeheizten Backofen ca. 20–25 Minuten überbacken.

Für 2 Personen, pro Portion ca. 265 kcal

Chop Suey

Dieses Gericht kann man je nach Lust und Laune variieren. Das Grundrezept können Sie nach Belieben mit dem Gemüse der Saison verfeinern. Aber denken Sie daran: Der wichtigste Bestandteil eines guten Chop Suey sind die Bohnenkeime, die sofort nach der Zubereitung serviert werden müssen, da sie nicht lange knackig bleiben.

1/2 Stangensellerie
1/2 rote Paprikaschote
1/2 Gemüsezwiebel
2 Champignons
1 Teelöffel Maisstärke
1 Esslöffel Sojasauce
2 Teelöffel Sherry
1 1/2 Esslöffel Sesamöl
100 g Mungobohnenkeime
75 g Sojabohnenkeime
Salz
frisch gemahlener Pfeffer

❶ Stangensellerie und Paprikaschote putzen und waschen. Paprikaschote von den Kernen befreien. Zwiebel schälen. Champignons mit Küchenkrepp gründlich abreiben. Alles in feine Streifen schneiden.

❷ Maisstärke in eine kleine Schüssel geben. Sojasauce, Sherry und 1 Esslöffel Wasser zugeben, alles gut verrühren und kurz ziehen lassen.

❸ In einem Wok oder einer großen Pfanne das Sesamöl erhitzen. Gemüse zugeben und unter ständigem Rühren alles ca. 5 Minuten anbraten. Das Gemüse sollte gar sein, aber noch Biss haben.

❹ Bohnensprossen waschen, trockentupfen und zum Gemüse geben. Alles 1 Minute weitergaren lassen.

❺ Maisstärkemischung nochmals kurz verrühren, langsam zum Gemüse in die Pfanne gießen und unter ständigem Rühren kurz aufkochen lassen. Ca. 2 Minuten bei reduzierter Hitze weiterkochen lassen, nochmals verrühren und mit Salz und Pfeffer abschmecken. Sofort servieren.

Für 2 Personen, pro Portion ca. 175 kcal

Kohlrabiauflauf mit Bärlauch-Sauce

Bärlauch, die würzig-aromatischen Blätter des wilden Knoblauchs, gibt es im Frühling frisch auf dem Markt – das Gericht lässt sich zu anderen Jahreszeiten aber auch mit Schnittlauch zubereiten.

3 Kohlrabi
3 Kartoffeln
250 ml Gemüsebrühe
Salz
frisch gemahlener Pfeffer
etwas geriebene Muskatnuss
125 g fettarmer Jogurt (1,5 %)
1 Ei
1 Bund Bärlauch
30 g fettreduzierter Schnittkäse
1 Esslöffel Sonnenblumenkerne

❶ Kohlrabi und Kartoffeln schälen und in ca. 1 cm dicke Scheiben schneiden. Brühe in einem Topf erhitzen und Gemüsescheiben darin bei geschlossenem Deckel ca. 15 Minuten garen.

❷ Kartoffel- und Kohlrabischeiben aus der Brühe nehmen, abtropfen lassen, in eine Auflaufform geben. Mit Salz, Pfeffer und frisch geriebener Muskatnuss würzen. Jogurt mit Ei verquirlen, Bärlauch waschen, fein schneiden, zur Jogurt-Ei-Mischung geben. Sauce über das Gemüse gießen.

❸ Backofen auf 175 °C vorheizen.

❹ Schnittkäse reiben und mit den Sonnenblumenkernen über den Auflauf streuen. Auflauf im vorgeheizten Backofen ca. 10 Minuten überbacken.

Für 2 Personen, pro Portion ca. 310 kcal

Zucchini mit Frischkäse-Walnuss-Füllung

Die vielseitigen Zucchini sind eine kleine Gemüsekürbisart, die ganzjährig angeboten wird. Knoblauchfans intensivieren das Aroma der leichten Frischkäsefüllung mit einer ausgepressten Knoblauchzehe.

50 g Walnusskerne
2 mittelgroße Zucchini
100 g Frischkäse mit Jogurt
2 Esslöffel fettarme Milch (1,5%)
Kräutersalz
frisch gemahlener Pfeffer
1 Msp. Cayennepfeffer
1 Tomate
Olivenöl für die Form
1 Esslöffel gehackte Petersilie

❶ Backofen auf 180 °C vorheizen. Walnusskerne grob hacken. Zucchini putzen, waschen und längs halbieren. Fruchtfleisch mit einem Teelöffel herauskratzen, bis eine Rinne entsteht. Fruchtfleisch klein würfeln.

❷ Frischkäse mit Milch glatt rühren, mit Kräutersalz, Pfeffer und Cayennepfeffer abschmecken. Tomate waschen und würfeln. Mit Zucchiniwürfeln, Walnusskernen und Frischkäse vermischen und nochmals abschmecken.

❸ Eine feuerfeste Form mit Olivenöl einfetten, Zucchinihälften hineinsetzen, mit Frischkäsemasse füllen. Im vorgeheizten Backofen ca. 30 Minuten backen. Mit Petersilie bestreuen und heiß mit Fladenbrot servieren.

Für 2 Personen, pro Portion ca. 270 kcal

Rotkohl mit Äpfeln

Ein herzhaft-süßes Gemüsegericht. Die Mischung aus Rotweinessig und Zucker gibt diesem Rotkohl das spezielle Aroma. Mit Kartoffeln oder Spätzle erhält man ein wohlschmeckendes Gericht.

❶ Zwiebeln schälen und in dünne Ringe schneiden. Äpfel schälen, vierteln und vom Kerngehäuse befreien. Apfelviertel ebenfalls in dünne Scheiben schneiden. Rotkohl putzen, waschen, halbieren und in feine Streifen schneiden.

❷ Pflanzenöl in einem Schmortopf erhitzen und Zwiebeln bei mittlerer Hitze goldbraun braten. Äpfel unterrühren und unter Rühren 2–3 Minuten weiterschmoren.

❸ Rotkohl, Rotweinessig, Rotwein, Zucker, Nelken, Senfkörner, Rosinen und Gewürze zugeben. Bei mittlerer Hitze unter gelegentlichem Rühren aufkochen lassen.

❹ Topf mit dem Deckel verschließen und den Inhalt bei mittlerer bis schwacher Hitze ca. 40 Minuten köcheln lassen, bis der Kohl weich und die Flüssigkeit verdampft ist. Gelegentlich umrühren. Bei Bedarf Rotwein oder Wasser nachgießen. Vor dem Servieren Johannisbeergelee unterrühren.

Für 4 Personen, pro Portion ca. 320 kcal

2 Zwiebeln
260 g Tafeläpfel
2 kg Rotkohl
2 Esslöffel Pflanzenöl
4 Esslöffel Rotweinessig
120 ml Rotwein
2 Esslöffel Zucker
1/4 Teelöffel gemahlene Gewürznelken
1–2 Teelöffel Senfkörner
50 g Rosinen
Salz
frisch gemahlener schwarzer Pfeffer
1–2 Esslöffel rotes Johannisbeergelee

400 g kleine fest kochende Kartoffeln
250 g Möhren
1 Zwiebel
1 Esslöffel Olivenöl
1 Esslöffel Sesam
Salz
frisch gemahlener schwarzer Pfeffer
einige frische Oreganoblättchen

Kartoffel-Möhren-Pfanne

Auch gebratene Kartoffeln lassen sich mit wenig Fett zubereiten: Sie werden zuerst gedämpft und dann mit den Möhren in einer beschichteten Pfanne mit wenig Öl angeröstet.

❶ Kartoffeln gründlich abbürsten und in einen Kochtopf mit Dämpfeinsatz legen. Möhren schälen und der Länge nach vierteln. Dämpftopf mit ca. 250 ml Wasser füllen (das Gemüse darf nicht im Wasser liegen) und das Wasser zum Kochen bringen. Kartoffeln und Möhren im geschlossenen Topf ca. 20–25 Minuten dämpfen. Garprobe machen.

❷ Kartoffeln pellen und in Scheiben schneiden. Zwiebel schälen und in Ringe schneiden. Olivenöl in einer großen beschichteten Pfanne erhitzen und die Zwiebeln darin andünsten. Sesam zugeben und kurz anrösten.

❸ Kartoffelscheiben und Möhrenstücke zugeben und langsam in der Pfanne braten, dabei mehrmals vorsichtig wenden. Mit Salz, frisch gemahlenem Pfeffer und frischem Oregano abschmecken.

Für 2 Personen, pro Portion ca. 260 kcal

2 Zwiebeln
2 kleine Zucchini
75 g kleine Champignons
1 rote Paprikaschote
125 ml Gemüsebrühe
2 Teelöffel Erdnussöl
frisch gemahlener bunter Pfeffer
Saft von 1 Zitrone
2 Metall- oder Holzspieße

Für den Dip:
5 Esslöffel Tomatenketschup
1 Esslöffel leichte Salatcreme
1 Knoblauchzehe
1/2 Bund Koriander
1 Msp. Chilipulver

Gemüsespieße mit scharfem Dip

Für die Spieße lassen sich fast alle Arten von Gemüse verwenden, man kann also die Zutaten je nach Saison variieren. Ein Trick, damit das Gemüse am Spieß auch weich ist: Es wird vor dem Grillen kurz in Brühe gegart.

❶ Zwiebeln schälen und halbieren, Zucchini putzen, waschen und in ca. 2 cm dicke Scheiben schneiden. Champignons putzen und mit Küchenkrepp abreiben. Paprikaschote vierteln, putzen, waschen und in 2 cm breite Streifen schneiden.

❷ Gemüsebrühe in einer breiten Kasserolle erhitzen, Gemüse hineingeben und zugedeckt 10 Minuten bei mittlerer Hitze garen.

❸ Backofen auf 170 °C vorheizen.

❹ Gemüsestücke aus dem Topf nehmen, abtropfen lassen, abwechselnd Zwiebelhälften, Zucchini- und Paprikastücke und ganze Champignons auf lange Metall- oder Holzspieße stecken und mit Öl bepinseln. Im Backofen ca. 10–15 Minuten grillen. Mit frisch gemahlenem Pfeffer würzen und mit Zitronensaft beträufeln.

❺ Für den Dip Tomatenketschup und Salatcreme verrühren, Knoblauchzehe schälen und fein hacken, Koriander waschen, trockentupfen und Blättchen fein hacken. Beides unter die Sauce rühren. Dip mit Chilipulver würzen und zu den Spießen servieren.

Für 2 Personen, pro Portion ca. 200 kcal

Karibischer Gemüsetopf

Die besonderen Zutaten wie Okraschoten, Chilischote, Limetten, Kokosmilch und frisches Korianderkraut für diesen exotischen Eintopf gibt es im Asienladen.

250 g frischer Blattspinat
60 g Okraschoten
1 kleine Aubergine
2 Schalotten
1 Knoblauchzehe
1 milde rote Chilischote
1 Teelöffel Olivenöl
200 ml Gemüsebrühe
1 Teelöffel frische Thymianblättchen
1 Msp. gemahlener Piment
1 Teelöffel Limettensaft
125 ml Kokosmilch (aus der Dose)
75 ml fettarme Milch (1,5%)
Meersalz
frisch gemahlener Pfeffer
1 Esslöffel gehacktes Korianderkraut

❶ Spinat von groben Stielen befreien und waschen. Okraschoten und Aubergine putzen und waschen, Aubergine würfeln. Schalotten und Knoblauch schälen und fein hacken. Chilischote entkernen und in feine Ringe schneiden.

❷ Olivenöl in einem Topf erhitzen, Schalotten darin andünsten, Knoblauch zugeben und kurz mitdünsten. Okras und Aubergine in den Topf geben und ca. 8 Minuten zugedeckt garen.

❸ Gemüsebrühe zugießen, mit Thymian, Piment, Chilischote und Limettensaft würzen und Gemüse noch 5 Minuten köcheln lassen.

❹ Spinat in den Topf geben und zusammenfallen lassen. Mit Kokosmilch und Milch aufgießen, aufkochen lassen und Gemüsetopf mit Salz und Pfeffer abschmecken. Mit Korianderkraut bestreut servieren.

Für 2 Personen, pro Portion ca. 100 kcal

Gratinierter Spargel

Der Gorgonzola gibt diesem Gericht eine fein-pikante Note. Anstelle des Gorgonzola eignet sich für dieses Gericht auch jeder andere Blauschimmelkäse, beispielsweise Roquefort, der jedoch in seinem Geschmack etwas weniger mild und salziger ist.

2 kg weißer Spargel
Salz
1 Prise Zucker
Butter
3 Tomaten
2 Gemüsezwiebel
2–3 Esslöffel Basilikum, feingehackt
frisch gemahlener Pfeffer
150 g Gorgonzola
3 Esslöffel Schmand

❶ Spargel schälen, holzige Enden entfernen. Spargel in Salzwasser mit 1 Prise Zucker und etwas Butter in 10 Minuten garen, herausnehmen, abtropfen lassen und in eine gut gebutterte Gratinform legen.

❷ Tomaten überbrühen, Haut abziehen, Stielansätze herausschneiden, Tomaten würfeln. Gemüsezwiebel schälen, fein hacken und zusammen mit den Tomatenwürfeln in heißer Butter andünsten. Basilikum zugeben, mit Salz und Pfeffer abschmecken, Sauce über den Spargel gießen.

❸ Käse klein schneiden, mit Schmand verrühren und über die Tomaten und den Spargel geben. Im vorgeheizten Backofengrill ca. 5 Minuten gratinieren.

Für 4 Personen, pro Portion ca. 302 kcal

Wok-Gemüse

Beim Wok-Essen darf man nach Herzenslust schlemmen, denn das Gemüse enthält kein Fett und zum Braten braucht man nur wenig Öl. Die Gemüsestückchen werden nur kurz angebraten, so bleiben sie schön knackig und ihre wertvollen Inhaltsstoffe weitgehend erhalten.

- 1 rote Paprikaschote
- 1/2 Sellerieknolle
- 1 Möhre
- 100 g Champignons
- 2 Frühlingszwiebeln
- 100 g frische Sojasprossen
- 1 kleines Stück frische Ingwerwurzel
- 1 Knoblauchzehe
- 1 Esslöffel Erdnussöl
- 200 ml Gemüsebrühe
- 3 Esslöffel Sojasauce
- 1 Teelöffel Speisestärke
- 1 Msp. Chilipulver
- 1 Teelöffel Zitronensaft
- frisch gemahlener bunter Pfeffer

❶ Paprikaschote putzen, waschen und in schmale Streifen schneiden. Sellerieknolle und Möhre schälen und in feine Stifte schneiden. Champignons putzen, mit Küchenkrepp abreiben und in feine Scheiben schneiden. Frühlingszwiebeln putzen und in Ringe schneiden. Sojasprossen waschen und abtropfen lassen.

❷ Ingwer und Knoblauch schälen und fein hacken. Erdnussöl in einer Wok-Pfanne erhitzen, Ingwer und Knoblauch darin kurz anbraten, jedoch nicht braun werden lassen. Gemüsestückchen und Pilze zugeben und unter Rühren ca. 3–5 Minuten braten, das Gemüse sollte noch knackig sein.

❸ Gemüsebrühe, Sojasauce und Speisestärke verrühren, über das Gemüse geben und kurz aufkochen. Wok-Gemüse mit Chilipulver, Zitronensaft und Pfeffer abschmecken.

Für 2 Personen, pro Portion ca. 170 kcal

Auberginen-Zucchini-Röllchen mit Tomatensauce

Für dieses raffinierte Rezept werden Auberginen und Zucchini einfach mit der Brotmaschine in Scheiben geschnitten – so werden die Scheiben besonders dünn und gleichmäßig. Zu den Röllchen warmes Ciabatta-Brot und ein Glas italienischen Rotwein servieren.

2 Auberginen
2 Zucchini
200 g Mozzarella
4 Esslöffel Olivenöl
3 Esslöffel Paniermehl
1 Bund Petersilie, fein gehackt
1 Bund Basilikum, fein gehackt
2 Knoblauchzehen, fein gehackt
40 g Parmesan, frisch gerieben
Salz
frisch gemahlener Pfeffer
1 Zwiebel
1 Dose geschälte Tomaten (800 g)
4 Esslöffel Rotwein
Chilipulver

❶ Auberginen, Zucchini und Mozzarella längs in dünne Scheiben schneiden.

❷ 1 Esslöffel Olivenöl in einer Pfanne erhitzen, Paniermehl unter Rühren darin goldbraun anrösten, mit Petersilie, Basilikum, 1 Knoblauchzehe und Parmesan vermischen. 1 Esslöffel Olivenöl zugeben und die Masse mit Salz und Pfeffer abschmecken.

❸ Auberginen- und Zucchinischeiben mit der Kräuterpaste bestreichen, mit Mozzarellascheiben belegen, aufrollen und mit Holzspießen feststecken.

❹ 1 Esslöffel Olivenöl in einer Pfanne erhitzen, Röllchen darin 10 Minuten braten; warm stellen.

❺ Für die Tomatensauce Zwiebel und Knoblauchzehe abziehen, beides fein hacken. 1 Esslöffel Olivenöl in einem Topf erhitzen, Zwiebel und Knoblauch darin glasig braten. Tomaten abtropfen lassen, mit einer Gabel zerdrücken und mit Rotwein in den Topf geben. Alles aufkochen lassen. Mit Salz, Pfeffer und Chilipulver abschmecken.

❻ Auberginen- und Zucchiniröllchen auf die Tomatensauce legen, abgedeckt ca. 10 Minuten ziehen lassen. Röllchen mit Tomatensauce auf vier Tellern anrichten.

Für 4 Personen, pro Portion ca. 388 kcal

Spinat-Tortilla

Eine der populärsten spanischen Gerichte ist die Tortilla. Ursprünglicherweise nur mit Kartoffeln zubereitet, wird sie inzwischen in verschiedenen Variationen angeboten, wie zum Beispiel mit Gemüse oder Käse. Die Tortilla kann warm oder kalt serviert werden.

200 g frischer Blattspinat
3 Kartoffeln
8 Esslöffel Olivenöl
1 Zwiebel
1 rote Chilischote
5 Eier
Salz
frisch gemahlener schwarzer Pfeffer
1 Bund Schnittlauch

❶ Spinat waschen, von Stielen befreien und grob hacken. Kartoffeln schälen und in dünne Scheiben schneiden. 4 Esslöffel Olivenöl in einer Pfanne erhitzen, Kartoffeln ca. 15 Minuten braten, bis sie gar sind. Aus der Pfanne nehmen und warm stellen.

❷ Zwiebel schälen und fein hacken. Chilischoten entkernen und ebenfalls fein hacken. 2 Esslöffel Olivenöl in die Pfanne geben, Zwiebel und Chilischote andünsten, Spinat zugeben, 3 Minuten dünsten und aus der Pfanne nehmen.

❸ Eier mit Salz und Pfeffer verschlagen, restliches Olivenöl in der Pfanne erhitzen und Eimasse darin kurz stocken lassen. Kartoffeln und Spinat-Mischung darauf verteilen.

❹ Tortilla bei geringer Hitze ca. 10 Minuten in der Pfanne backen. Vorsichtig aus der Pfanne auf eine Servierplatte gleiten lassen, wie eine Torte in Stücke schneiden. Schnittlauch waschen und fein schneiden. Tortilla mit Schnittlauchröllchen garnieren.

Für 4 Personen, pro Portion ca. 370 kcal

Gefüllte Tomaten mit Zwiebeln

Die Zwiebel gilt als die Königin unter den Gemüsesorten. Zusammen mit Tomaten, Knoblauch, Kapern und Oliven bildet sie bei diesem Gericht einen wahrlich köstlichen Hofstaat.

300 g Zwiebeln
5 Esslöffel Öl
70 g Haferflocken
2 Knoblauchzehen
20 g Kapern
50 g grüne Oliven mit Paprikafüllung
Oregano
Salz
Pfeffer
Butter für die Form
800 g Strauchtomaten

❶ Zwiebeln abziehen und fein würfeln. Öl in einer Pfanne erhitzen, Zwiebeln darin dünsten. Haferflocken zugeben und vermischen. Zwiebelgemüse warm stellen.

❷ Knoblauchzehen abziehen, zusammen mit Kapern und Oliven hacken. Unter die Zwiebelmasse rühren, mit Oregano, Salz und Pfeffer abschmecken.

❸ Backofen auf 220 °C vorheizen; eine große Auflaufform gründlich buttern.

❹ Von den Tomaten einen flachen Deckel abschneiden, Tomaten mit einem Teelöffel vorsichtig aushöhlen. Ausgehöhlte Früchte leicht salzen; ca. 10 Minuten ziehen lassen. Tomaten mit Zwiebelgemüse füllen, die Füllung kann dabei über die Tomaten herausragen, Deckel wieder aufsetzen. Gefüllte Tomaten nebeneinander in die Auflaufform setzen und auf mittlerer Einschubleiste ca. 30 Minuten im Backofen garen.

Für 4 Personen, pro Portion ca. 269 kcal

Blechkuchen mit roten Paprikaschoten

Die Blechkuchen (cocas) sind in Katalonien in unzähligen Variationen erhältlich. Dieses Rezept ist ein schönes Beispiel für einen Blechkuchen mit Gemüse.

20 g Hefe
1 Prise Zucker
500 g Mehl
100 g Butter
1 Ei
100 ml Orangensaft
4 große, rote Paprikaschoten
2 Knoblauchzehen
Salz
Pfeffer aus der Mühle
100 g schwarze Oliven
100 ml Olivenöl

❶ Für den Teig zunächst die Hefe in 50 ml lauwarmem Wasser auflösen, mit 1 Prise Zucker und 1 Esslöffel Mehl verrühren, zur Seite stellen und gehen lassen.

❷ Die Hälfte der Butter mit dem Ei verkneten. Das Mehl auf die Tischplatte geben, in der Mitte eine Vertiefung eindrücken, den Vorteig hineingeben und nach und nach die Butter mit dem Ei und dem angewärmten Orangensaft hinzugeben. Kneten, bis ein nicht zu trockener, geschmeidiger Teig entsteht, der zum Aufgehen zur Seite gestellt wird.

❸ Die Paprika in einem gut vorgeheizten Backofen bei 200 °C etwa 30 Minuten backen, häuten, entkernen und in Streifen schneiden. Die Knoblauchzehen schälen, in Scheiben schneiden und unter die Paprikastreifen mischen, salzen und pfeffern.

❹ Das rechteckige Backblech mit der restlichen Butter bestreichen, den Teig ausrollen und auf das Blech geben. Die Paprikastreifen und den Knoblauch auf dem Teig verteilen und im heißen Backofen bei 220 °C ca. 30 Minuten backen.

❺ Die schwarzen Oliven 5 Minuten vor dem Ende der Garzeit auf dem Blechkuchen verteilen. Nach dem Herausnehmen mit Olivenöl beträufeln. Kann warm oder kalt serviert werden.

Für 4 Personen, pro Portion ca. 1020 kcal

Kartoffelgnocchi mit Shiitake-Pilzen

Shiitake- oder Togku-Pilze sind fernöstliche Baumpilze, die auf Eichenstämmen und Shii-Bäumen gezüchtet werden. In China werden sie seit uralter Zeit als Gemüse geschätzt. Frische Shiitake-Pilze findet man in Asienläden.

400 g mehlig kochende Kartoffeln

Meersalz

ca. 75 g Mehl

1 kleine Zwiebel

150 g Shiitake-Pilze

2 getrocknete, in Öl eingelegte Tomaten

80 ml weißer Portwein

100 ml Pilzfond (aus dem Glas)

Kräutersalz

frisch gemahlener Pfeffer

1 Esslöffel Butter

1 Esslöffel gehackte Petersilie

Mehl für die Arbeitsfläche

❶ Kartoffeln schälen, würfeln und in Salzwasser in ca. 15 Minuten weich kochen. Abgießen, heiß durch die Kartoffelpresse drücken oder fein zerstampfen und auskühlen lassen. Salzen und mit Mehl zu einem geschmeidigen Teig verarbeiten. Teig abgedeckt 15 Minuten ruhen lassen.

❷ Inzwischen Zwiebel schälen und fein hacken. Pilze putzen, mit Küchenpapier abreiben und in dünne Scheiben schneiden. Tomaten abtropfen lassen, Öl dabei auffangen. Tomaten in feine Streifen schneiden.

❸ Kartoffelteig auf leicht bemehlter Arbeitsfläche zu daumendicken Rollen formen, in ca. 5 cm lange Stücke schneiden und mit einer Gabel ein Rillenmuster eindrücken. In einem Topf reichlich Salzwasser zum Kochen bringen, Gnocchi darin garen. Sie sind fertig, wenn sie an die Wasseroberfläche steigen.

❹ Inzwischen Tomatenöl in einem zweiten Topf erhitzen. Zwiebel darin goldgelb braten. Pilze zugeben, kurz anbraten, aus dem Topf nehmen. Bratensatz mit Portwein und Pilzfond ablöschen und auf ca. 1/3 der Flüssigkeit einreduzieren lassen. Mit Kräutersalz und Pfeffer würzen. Butter stückchenweise zugeben und mit dem Pürierstab unterarbeiten. Pilze zugeben und in der Portweinbutter erwärmen.

❺ Gnocchi auf einem Schaumlöffel abtropfen lassen, Tomatenstreifen untermischen. Mit Pilz-Portwein-Butter auf zwei vorgewärmten Tellern anrichten und mit Petersilie bestreut servieren.

Für 2 Personen, pro Portion ca. 450 kcal

Pizza Margherita

20 g Hefe
300 g Mehl
1 Prise Salz
Olivenöl für das Blech
2 Esslöffel Olivenöl
Mehl für die Arbeitsfläche

Für den Belag:
500 g frische Tomaten
250 g Mozzarella
1 kleiner Bund Basilikum
Salz
gemahlener weißer Pfeffer
6 Esslöffel Olivenöl

Diese klassische Pizza wurde zu Ehren der Königin Margherita kreiert, belegt in den Trikolore-Farben der italienischen Flagge mit grünem Basilikum, weißem Mozzarella und roten Tomaten.

❶ Für den Teig zimmerwarme Hefe in eine Tasse bröckeln, mit 2 Esslöffel lauwarmem Wasser verrühren. Mehl in eine weite Schüssel sieben, Salz zugeben, in die Mitte eine Vertiefung drücken. Hefelösung hineingießen, mit etwas Mehl verrühren. Vorteig abgedeckt an einem warmen Ort gehen lassen, bis er sich verdoppelt hat.

❷ Etwa 1/8 l lauwarmes Wasser zum aufgegangenen Vorteig geben und rasch mit den Händen oder den Knethaken des Mixers zu einem Hefeteig verarbeiten. Teig so lange kräftig durchkneten, bis er von glatter und geschmeidiger Konsistenz ist. Zu einer Kugel formen und abgedeckt an einem warmen Ort gehen lassen, bis er zur doppelten Höhe aufgegangen ist.

❸ Ofen auf 220 °C vorheizen. Ein Blech mit Olivenöl einstreichen. Teig kurz kräftig durchkneten, dabei Olivenöl einarbeiten. Auf leicht bemehlter Arbeitsfläche zu einem Fladen ausrollen und einen etwas dickeren Rand formen. Teigfladen auf das Blech legen.

❹ Für den Belag Tomaten schälen, vierteln und entkernen. Tomatenviertel in Streifen schneiden und gleichmäßig auf dem Teig verteilen. Mit in dünne Scheiben geschnittenem Mozzarella und Basilikumblättchen belegen. Belag salzen und pfeffern und mit Olivenöl beträufeln. Pizza im vorgeheizten Ofen auf der untersten Schiene ca. 30 Minuten backen.

Für 4 Personen, pro Portion ca. 574 kcal

Tomatenkuchen mit Zucchini

Was den Tomatenkuchen in der Hauptsache von der Pizza unterscheidet, ist der mit Eiern und Kräutern verquirlte Sauerrahm, der über den Gemüsebelag gegossen wird. Wer unter das Gemüse eine Lage Tomatensauce gibt und oben drüber Oregano, Reibkäse und etwas Olivenöl, zaubert so eine vegetarische Pizza.

Fett für das Blech
10 g Hefe
250 g Mehl
70 g flüssige Butter
Salz
500 g Strauchtomaten
500 g Zucchini
Mehl für die Arbeitsfläche
100 g Greyerzer Käse, gerieben
100 g Sauerrahm
2 Eier
1 Esslöffel getrocknete Kräuter der Provence

❶ Backofen auf 220 °C vorheizen; Backblech einfetten.

❷ Hefe in 150 ml lauwarmes Wasser zerbröckeln und gut verrühren. Mehl in eine Schüssel sieben, Hefe mit Wasser, flüssige Butter und etwas Salz zufügen. Teig glatt rühren, Schüssel mit einem Küchentuch abdecken. Hefeteig an einem warmen Ort ca. 15 Minuten gehen lassen.

❸ Tomaten halbieren, entkernen und in Scheiben schneiden. Zucchini putzen; ebenfalls in Scheiben schneiden.

❹ Hefeteig auf einer bemehlten Arbeitsfläche etwas ausrollen und auf das Backblech geben. Teig andrücken, passend ziehen und einen Rand formen. Teigboden mit einer Gabel einstechen.

❺ Teigboden bunt mit Tomaten- und Zucchinischeiben belegen. Salzen und mit geriebenem Käse bestreuen.

❻ Sauerrahm glatt rühren und mit Eiern und Kräutern verquirlen. Masse auf dem Gemüse verteilen. Tomatenkuchen in die unterste Leiste des Backofens schieben und ca. 30–40 Minuten backen. Heiß servieren.

Für 4 Personen, pro Portion ca. 649 kcal

Spargelgratin auf Spinatbett

Weißer Spargel und Spinat, mit würzigem Greyerzer-Käse gratiniert, ergibt nicht nur farblich eine herzhaft-kräftige Kombination.

2 kg weißer Spargel
Salz
1 Prise Zucker
90 g Butter
800 g Blattspinat
450 g Greyerzer, in Scheiben geschnitten

❶ Spargel schälen, holzige Enden entfernen, Spargel in kochendem Salzwasser mit einer Prise Zucker und etwas Butter in 10 Minuten bissfest garen.

❷ Spinat gut waschen, in kochendem Salzwasser blanchieren, herausnehmen, abtropfen lassen, etwas ausdrücken. Butter in eine feuerfeste Form geben, die Hälfte des Spinats hineinlegen und den Spargel gleichmäßig darauf verteilen.

❸ Restlichen Spinat in Streifen schneiden, über den Spargel geben, Butterflöckchen darauf setzen und mit dem Käse abdecken. Im vorgeheizten Backofen auf der untersten Schiene bei 225 °C überbacken. Nach ca. 15 Minuten weitere 3 Minuten im Grill goldbraun gratinieren.

Für 4 Personen, pro Portion ca. 670 kcal

Provenzalisches Tomatengemüse

Tomatengemüse, gewürzt mit Kräutern der Provence: Das weckt Bilder wie Sommer, Sonne, Meer und ... Frankreich. Dazu frisches, knuspriges Baguette und ein kräftiger Landwein – was will man mehr!

Butter für die Form
2 Knoblauchzehen
8 Esslöffel Olivenöl
2 Esslöffel getrocknete Kräuter der Provence
Salz
weißer Pfeffer aus der Mühle
8 Strauchtomaten

❶ Backofen auf 220 °C vorheizen. Eine Auflaufform gründlich buttern. Knoblauch abziehen.

❷ Öl mit Kräutern vermengen, Knoblauch hineinpressen. Mit Salz und Pfeffer abschmecken.

❸ Tomaten dritteln, entkernen, leicht salzen. Tomatendrittel in die Auflaufform geben und mit dem Kräuteröl bedecken.

❹ Tomatengemüse auf mittlerer Schiene im Backofen 30 Minuten garen.

Für 4 Personen, pro Portion ca. 221 kcal

Spargel-Soufflé

Ein Soufflé zuzubereiten ist leichter, als viele glauben. Wichtig ist lediglich, dass alle Zutaten zügig verarbeitet werden und dass das fertige Soufflé schnell auf den Tisch kommt. Besonders zu beachten ist, dass die Ofentüre in der ersten Hälfte der Backzeit nicht geöffnet wird, da sonst das Soufflé in sich zusammenfällt.

500 g grüner Spargel
Salz
1 Prise Zucker
45 g Butter
45 g Mehl
250 ml Milch
1 Teelöffel Gemüsebrühe
frisch geriebener Muskat
frisch gemahlener Pfeffer
3 Eier
6 Esslöffel Petersilie
100 g Emmentaler
Fett für die Form

❶ Spargel waschen, holzige Enden entfernen, 4 Spargelstangen zur Seite legen. Restlichen Spargel in 1 cm große Stücke schneiden. Spargelstücke in leise köchelndem Salzwasser mit Zucker in 10 Minuten bissfest garen. Herausnehmen, abtropfen lassen, Spargelköpfe aussortieren.

❷ Butter zerlassen, Mehl anschwitzen, Milch einrühren und die Sauce etwas eindicken lassen. Gemüsebrühe einrühren, mit Salz, Muskat und Pfeffer abschmecken. Sauce etwas abkühlen lassen.

❸ Eier trennen. Fein gehackte Petersilie, geriebenen Käse und Eigelbe in die Sauce rühren. Rohen Spargel in sehr feine Scheiben schneiden und unter die Sauce heben. Eiweiße mit einer Prise Salz steif schlagen, unter die Sauce ziehen.

❹ Spargelstücke in eine gefettete Auflaufform geben. Soufflémasse darüber geben und im vorgeheizten Backofen bei 220 °C auf der mittleren Schiene 25–30 Minuten backen.

❺ Soufflé aus dem Ofen nehmen, mit einem Esslöffel Nocken abstechen, auf einen große Platte legen und mit Spargelköpfen garnieren.

Für 4 Personen, pro Portion ca. 325 kcal

Chinapfanne mit Räuchertofu

Eine leicht verdauliche vegetarische Mahlzeit für Kopfarbeiter, reich an Vitalstoffen und sekundären Pflanzenstoffen, die das Immunsystem stärken. Lässt sich mit verschiedenen Gemüse- und Nudelsorten variieren.

Meersalz
100 g Buchweizennudeln (Asien- oder Naturkostladen)
3 große Möhren
2 Schalotten
1 Knoblauchzehe
120 g Austernpilze
50 g Sojasprossen
2 Teelöffel Sesamöl
100 g Räuchertofu
Sojasauce
1 Teelöffel Limettensaft
frisch gemahlener Pfeffer
1 Esslöffel gehacktes Korianderkraut

❶ Reichlich Salzwasser zum Kochen bringen, Buchweizennudeln darin nach Packungsanweisung garen. Möhren, Schalotten und Knoblauch schälen. Möhren in kleine Würfel schneiden. Schalotten und Knoblauch fein hacken. Pilze säubern und ebenfalls klein schneiden. Sprossen abspülen. Nudeln abgießen und abtropfen lassen.

❷ Sesamöl in einer tiefen Pfanne oder im Wok erhitzen, Schalotten, Knoblauch, Möhren, Pilze und Sojasprossen darin 5 Minuten unter Rühren braten. Buchweizennudeln zugeben. Räuchertofu würfeln und untermischen.

❸ Alles unter Rühren kurz und kräftig durchbraten, mit Sojasauce, Limettensaft, Salz und Pfeffer pikant abschmecken. Mit Koriander bestreut servieren.

Für 2 Personen, pro Portion ca. 305 kcal

Gefüllte Pfannkuchen

Raffinierte Pfannkuchen aus der neuen Vollwertküche, mit vielen Vitaminen, Mineralstoffen und Ballaststoffen! Die Gemüsesorten für die Füllung können je nach Jahreszeit variiert werden.

1 Ei
1 Esslöffel Dinkelvollkornmehl
4 Esslöffel fettarme Milch (1,5%)
3 Esslöffel Mineralwasser
Meersalz
1 Teelöffel Sesamsamen
1 kleines Glas eingelegte Maiskölbchen
1/2 rote Paprikaschote
50 g Zuckerschoten
100 g Blumenkohlröschen
3 Teelöffel Olivenöl
1 Esslöffel Gemüsebrühe
frisch gemahlener Pfeffer
süß-scharfe Chilisauce

❶ Aus Ei, Mehl, Milch, Mineralwasser, 1 Msp. Salz und Sesam einen Pfannkuchenteig rühren. Abgedeckt 10 Minuten quellen lassen.

❷ Maiskölbchen abtropfen lassen. Paprikaschote, Zuckerschoten und Blumenkohl putzen, waschen und klein schneiden. 1 Teelöffel Olivenöl in einem Topf erhitzen, Gemüse darin andünsten, Brühe zugeben, salzen und pfeffern. Gemüse zugedeckt bei schwacher Hitze ca. 10 Minuten dünsten.

❸ Je 1 Teelöffel Olivenöl in einer beschichteten Pfanne erhitzen und aus dem Teig nacheinander 2 Pfannkuchen backen. Gemüse auf den Pfannkuchen verteilen, aufrollen und auf vorgewärmten Tellern mit Chilisauce anrichten.

Für 2 Personen, pro Portion ca. 290 kcal

Tortillas mit Paprika-Mais-Füllung

1 kleine Paprikaschote
1 kleine Zwiebel
1 Teelöffel Olivenöl
100 g Gemüsemais (aus der Dose)
Salz
Cayennepfeffer
etwas getrockneter Thymian
2 Tortilla-Fladen

Ein mexikanischer Imbiss, der keinen großen Aufwand in der Zubereitung erfordert: Tortilla-Fladen gibt es bereits fertig im Supermarkt, und das Gemüse wird nur kurz angedünstet.

❶ Paprikaschote putzen, waschen und in feine Streifen schneiden. Zwiebel schälen und fein hacken. Olivenöl in einer beschichteten Pfanne erhitzen und das Gemüse ca. 5 Minuten darin andünsten.

❷ Mais abtropfen lassen, in die Pfanne geben und kurz erhitzen. Gemüse mit Salz, Cayennepfeffer und Thymian abschmecken.

❸ Tortilla-Fladen nach Packungsvorschrift im Backofen einige Minuten erwärmen, herausnehmen, Gemüse auf die noch warmen Fladen geben und aufrollen.

Für 2 Personen, pro Portion ca. 185 kcal

Spargel-Tarte

500 g Spargel, auch gemischt
Salz
10 g Butter
1 Teelöffel Zucker
500 ml Béchamelsauce (Fertigprodukt)
100 g Frischkäse
2 Eigelb
100 g Appenzeller
2–3 Teelöffel Dill
frisch gemahlener weißer Pfeffer
300 g Blätterteig, tiefgekühlt
etwas Mehl

Béchamelsauce, Bestandteil vieler klassischer Spargelgerichte, unterstreicht auch hier den feinen Geschmack dieses Gemüses.

❶ Spargel schälen, holzige Enden entfernen, Spargel in 2 cm lange Stücke schneiden. In einem großen Topf Wasser erhitzen. Sobald das Wasser kocht, Salz, Butter und Zucker zugeben und den Spargel darin in ca. 10 Minuten bissfest garen, danach abgießen und gut abtropfen lassen.

❷ Béchamelsauce, Frischkäse und Eigelb in einer Schüssel zu einer cremigen Masse verrühren. Käse reiben und beides zusammen mit dem gehackten Dill zur Béchamelsauce geben, alles mischen und mit weißem Pfeffer abschmecken.

❸ Kuchenform mit kaltem Wasser ausspülen und abtropfen lassen. Aufgetaute Blätterteigplatten übereinander legen. Teig auf einer mit Mehl bestäubten Fläche entsprechend der Größe der Kuchenform ausrollen, in die Form geben und an den Rändern etwas fest drücken. Eventuell überhängenden Teig mit einem glatten, scharfen Messer abschneiden. Béchamelsauce in die Form gießen, Spargelstückchen gleichmäßig darin verteilen, so dass alles gut mit Sauce bedeckt ist.

❹ Bei 200 °C im vorgeheizten Backofen ca. 20 Minuten goldbraun backen.

Für 2–3 Personen, pro Portion ca. 997 kcal

1 mittelgroßer Zucchino
3 große Möhren
1 Esslöffel Zitronensaft
frisch gemahlener Pfeffer
1/2 Bund Petersilie
1 Ei
1 Esslöffel Haferflocken
1 Esslöffel Sonnenblumenöl
125 g Magerquark
1 Esslöffel fettarme Milch (1,5 %)
1 Bund Schnittlauch
1/2 Kästchen Kresse

Gemüsepuffer mit Kräuterquark

Ein leichtes Gericht, das sich mit verschiedenen Gemüsesorten zubereiten lässt. Möhren und Zucchini werden grob geraspelt und mit wenig Fett in einer beschichteten Pfanne knusprig gebraten. Als Dip passt hervorragend der selbst angerührte Kräuterquark dazu.

❶ Zucchino putzen und waschen, Möhren schälen und Gemüse mit einer Gemüsereibe grob raspeln. Mit Zitronensaft und Pfeffer abschmecken.

❷ Petersilie waschen, trockentupfen, Blättchen fein hacken und zum Gemüse geben. Ei und Haferflocken zufügen und sorgfältig mit dem Gemüse vermischen.

❸ Sonnenblumenöl in einer beschichteten Pfanne erhitzen. Mit einem Esslöffel aus der Gemüsemasse kleine Portionen abstechen, in die Pfanne geben, flach drücken und von beiden Seiten knusprig braten. Gemüsepuffer portionsweise braten.

❹ Magerquark und Milch in eine kleine Schüssel geben, glatt rühren und mit Pfeffer abschmecken. Schnittlauch und Kresse waschen, fein schneiden und unter den Quark rühren. Gemüsepuffer mit Kräuterquark auf zwei Tellern anrichten.

Für 2 Personen, pro Portion ca. 190 kcal

Überbackene Avocados mit Tomaten-Brot-Füllung

Avocados schmecken nicht nur kalt im Salat oder als Dip für gewürzte Chips – auch heiß als Suppe oder wie hier als überbackenes Gemüse mit Tomaten zergehen sie auf der Zunge. Ihr leicht herber Geschmack vereint sich überdies hervorragend mit der säuerlichen Süße der Tomaten.

1 Dose Tomatenwürfel (400 g)
4 Schalotten
2 Scheiben Korianderbrot
1 Bund Basilikum
5 Esslöffel Keimöl
Salz
weißer Pfeffer
1 Teelöffel Balsamico-Essig
2 Avocados
Saft von 1 Zitrone
2 Esslöffel Paniermehl
1 Esslöffel Parmesan, gerieben

❶ Tomatenstücke abtropfen lassen, Schalotten abziehen und in dünne Ringe schneiden. Korianderbrot entrinden und in 1 x 1 cm große Stücke würfeln. Basilikum hacken.

❷ 2 Esslöffel Öl in einer Pfanne erhitzen, Brotwürfel darin von beiden Seiten rösten. Brotwürfel mit Fett in eine große Schüssel geben. Tomatenstücke, Zwiebelringe und Basilikum zufügen; vermischen. Mit Salz, Pfeffer und Essig abschmecken.

❸ Backofen auf 220 °C vorheizen.

❹ Avocados der Länge nach halbieren, Kern entfernen und mit einem Esslöffel die Avocado etwas aushöhlen. Entnommenes Fruchtfleisch würfeln und wie die Avocadohälften sofort mit Zitronensaft beträufeln. Gewürfeltes Fruchtfleisch zur Brotmischung geben und unterrühren.

❺ Avocadohälften mit der Brotmischung füllen. Paniermehl und Parmesan mit restlichem Öl vermischen und über die Füllung geben.

❻ Avocados nebeneinander in eine Auflaufform setzen. Auf mittlerer Schiene ca. 20 Minuten im Backofen überbacken.

Für 4 Personen, pro Portion ca. 446 kcal

Grüner Spargel mit Zitronenmarinade

Leicht und ohne großen Aufwand gemacht, ist dieses Gericht eine ideale Vorspeise: Während der Spargel mariniert, kann in Ruhe das weitere Menü zubereitet werden.

1 kg grüner Spargel
Salz
1/2 Teelöffel Zucker
1 Teelöffel Butter
Saft und Schale von 1 unbehandelten Zitrone
frisch gemahlener Pfeffer
4 Esslöffel Sonnenblumenöl
1 Bund Schnittlauch
Zitronenmelisse zum Garnieren

❶ Spargel waschen, holzige Enden entfernen, Spargel in kochendem Salzwasser mit Zucker und Butter 5 Minuten blanchieren. Herausnehmen, abtropfen lassen und in eine flache Schale legen.

❷ Zitrone heiß abwaschen, trocknen und Zitronenschale zur Hälfte dünn abreiben, Saft auspressen. 3–4 Esslöffel Zitronensaft mit Salz, Pfeffer und Öl zu einer Marinade verrühren. Schnittlauch waschen, trocknen, fein hacken und unter die Marinade heben.

❸ Spargel mit der Marinade beträufeln, mit Zitronenschale bestreuen und 2 Stunden ziehen lassen. Vor dem Anrichten mit Zitronenmelisse garnieren.

Für 4 Personen, pro Portion ca. 171 kcal

Überbackener Spargeltopf mit Parmesan

Es muss nicht immer Kartoffel sein! Ein Spargelgratin bedarf nur sehr weniger Zutaten, ist schnell zubereitet und ein ganz besonders leichter Genuss als Vorspeise oder auch als Beilage.

500 g grüner Spargel
500 g weißer Spargel
Salz
1 Prise Zucker
200 g Parmesan, gerieben
120 g Kräuterbutter

❶ Grünen Spargel waschen, weißen Spargel schälen, holzige Enden entfernen, Spargel in Salzwasser mit 1 Prise Zucker in ca. 10 Minuten bissfest garen. Herausnehmen und abtropfen lassen.

❷ Spargel in eine Gratinform geben, mit Parmesan bestreuen, Kräuterbutterflöckchen darauf verteilen. Unter dem vorgeheizten Backofengrill 3 Minuten gratinieren.

Für 4 Personen, pro Portion ca. 392 kcal

Rösti mit Äpfeln

Die guten, alten Kartoffelpuffer werden mit den passenden Zutaten richtig trendy. Dieser karamellisierte Apfelbelag ist eine besonders ausgefallene Variante für experimentierfreudige Menschen.

❶ Äpfel gründlich waschen, vierteln und vom Kerngehäuse befreien. Apfelviertel in kleine Würfel schneiden.

❷ Butter bei mittlerer Hitze in der Pfanne zerlassen. Apfelwürfel zugeben und in der Pfanne schwenken. Zitronensaft, Zucker und Zimt unterrühren und alles unter ständigem Rühren ca. 2–3 Minuten köcheln lassen, bis die Äpfel weich und goldbraun sind. Aus der Pfanne nehmen und in eine Schüssel geben.

❸ Für die Rösti Zwiebel schälen und fein hacken. Kartoffeln waschen, schälen, reiben, in ein sauberes Küchentuch geben und ausdrücken. Kartoffelmasse und Zwiebel in eine Schüssel geben und mit Salz und Pfeffer abschmecken.

❹ Etwas Öl in einer großen Pfanne erhitzen und die Kartoffelmischung vorsichtig esslöffelweise in die Pfanne geben, flach drücken und ca. 6 Minuten braten. Zwischendurch wenden. Herausnehmen und auf einem Küchentuch abtropfen lassen.

❺ Petersilie waschen und Blättchen fein hacken.

❻ Auf jedes Rösti einen Esslöffel der karamellisierten Apfelmasse geben. Mit Sauerrahm und Petersilie garnieren.

Für 4 Personen, pro Portion ca. 250 kcal

250 g unbehandelte Tafeläpfel
4 Esslöffel Butter
1 Teelöffel Zitronensaft
1 Teelöffel Zucker
1 Prise Zimt
1/2 Zwiebel
2 mehlig kochende Kartoffeln
Salz
frisch gemahlener schwarzer Pfeffer
Öl
1/2 Bund Petersilie zum Garnieren
50 ml Sauerrahm

Tomaten-Couscous-Auflauf

250 g Couscous
Butter für die Form
4 große Fleischtomaten
2 Esslöffel Öl
1 Esslöffel Petersilie, gehackt
1 Lorbeerblatt
Salz
Pfeffer
100 g Emmentaler Käse, gerieben

Couscous-Gerichte sind vor allem in Nordafrika beliebt, zum Beispiel in Tunesien. Lecker ist Couscous übrigens auch kalt als Salat, gemischt mit knackigem frischem Gemüse und Minze. Hierzulande kann Couscous in gut sortierten Lebensmittelgeschäften, Bioläden oder Reformhäusern gekauft werden.

❶ Couscous in eine Schüssel geben und mit wenig heißem Wasser begießen – das Getreide sollte mit Wasser getränkt sein, aber nicht in Wasser stehen. Couscous mit einem großen Deckel oder Alufolie abdecken und einige Minuten ziehen lassen.

❷ Backofen auf 220 °C vorheizen; eine Auflaufform gründlich buttern.

❸ Tomaten vierteln, entkernen und grob würfeln. Öl in einer großen Pfanne erhitzen, Tomatenstücke, Petersilie und Lorbeerblatt zugeben; kräftig mit Salz und Pfeffer abschmecken. In ca. 30 Minuten abgedeckt und auf kleiner Flamme zu einer dicken Tomatensauce zerkochen lassen. Ab und zu umrühren.

❹ Auflaufform mit einer Lage Couscous ausfüllen, darüber Tomatenpüree geben. Es folgt eine Lage geriebener Käse, eine Lage Couscous und zuletzt eine Lage Tomatenpüree, bedeckt mit geriebenem Käse. Auflaufform für ca. 20 Minuten in den Backofen geben.

Für 4 Personen, pro Portion ca. 179 kcal

Tomatenomelett mit Basilikum und Ziegenkäse

Für vier Personen ein kleiner Imbiss, für zwei Personen, mit Ciabatta oder Baguette und einem gemischten Salat serviert, eine leichte Mahlzeit. Eine Garnitur aus schwarzen Oliven rundet das Ganze herzhaft ab.

3 feste Tomaten
30 g Butter
5 Eier
Kräutersalz
frisch gemahlener Pfeffer
6 frische Basilikumblätter
80 g Ziegenkäse, zerbröckelt

❶ Tomaten häuten, vierteln und entkernen. Tomatenviertel würfeln. 15 g Butter in einem Topf zerlassen, Tomatenwürfel darin 5 Minuten dünsten, etwas abkühlen lassen.

❷ Eier in einer Schüssel mit Kräutersalz und Pfeffer verschlagen, Tomaten unterrühren.

❸ Restliche Butter in einer Pfanne erhitzen, aus der Eier-Tomaten-Masse darin zwei Omeletts backen.

❹ Omeletts halbieren, auf einer vorgewärmten Platte anrichten, mit Basilikumblättern garnieren und mit Käse bestreuen.

Für 4 Personen, pro Portion ca. 208 kcal

Apfel-Zwiebel-Quiche

Ein leichtes Gericht für den kleinen Hunger. Diese Quiche kann man als Abendessen zubereiten. Man kann sie auch stückweise als schnelle Zwischenmahlzeit am nächsten Tag nochmals im Backofen aufbacken.

190 g Gruyère-Käse
225 g Mehl
Salz
3/4 Teelöffel Senfpulver
75 g Margarine
1 Zwiebel
400 g Tafeläpfel
40 g Butter
2–3 Eier
150 ml Crème Double
1 Teelöffel getrocknete Kräutermischung
1/2 Bund Petersilie
frisch gemahlener schwarzer Pfeffer

❶ 75 g Käse reiben. Mehl sieben und zusammen mit 1 Prise Salz und 1/4 Teelöffel Senfpulver in eine Schüssel geben. Margarine und Käse zufügen, mit 2 Esslöffeln Wasser vermischen und alles zu einem glatten Teig kneten. Teig im Kühlschrank kalt stellen.

❷ Für die Füllung Zwiebel schälen und fein hacken. Äpfel schälen, vierteln und vom Kerngehäuse befreien. Apfelviertel fein reiben. In einem Topf 25 g Butter zerlassen und Zwiebeln darin glasig dünsten. Apfelmasse zugeben, unterrühren und 2–3 Minuten weiter dünsten. Topf vom Herd nehmen und Apfelmischung abkühlen lassen.

❸ Ofen auf 200 °C vorheizen.

❹ Eine Springform mit der restlichen Butter einfetten. Teig aus dem Kühlschrank nehmen, ausrollen und die Springform damit auslegen. 20 Minuten kalt stellen. Teig im vorgeheizten Backofen ca. 20 Minuten vorbacken.

❺ Für die Füllung Petersilie waschen und fein hacken. Eier mit Crème Double, Kräutern, Petersilie, Gewürzen, restlichem Senfpulver und etwas Pfeffer in eine Schüssel geben und schaumig schlagen. 60 g Käse reiben und in die Kräuter-Eimischung einrühren. Restlichen Käse in Scheiben schneiden. Apfel-Zwiebel-Mischung auf den vorgebackenen Teigboden geben und die Eimasse darübergießen. Mit den Käsescheiben belegen.

❻ Temperatur auf 190 °C reduzieren und die Quiche ca. 20 Minuten goldgelb backen.

Für 4 Personen, pro Portion ca. 850 kcal

Tomaten-Ziegenkäse-Brotauflauf

Diese einfache kleine Mahlzeit kann zur Abwechslung auch mit mildem Schafskäse zubereitet werden. Anstelle von Walnusskernen und Basilikum kann der Auflauf auch mit Pinienkernen und frischem oder getrocknetem Thymian oder Oregano bestreut werden.

5 große Tomaten
200 g Ziegenkäse
Kräutersalz
frisch gemahlener Pfeffer
1/2 Baguette
7 Esslöffel Olivenöl
35 g Walnusskerne, grob gehackt
1 kleiner Bund Basilikum, fein gehackt

❶ Tomaten und Ziegenkäse in Scheiben schneiden. Tomatenscheiben mit Kräutersalz bestreuen und leicht mit Pfeffer übermahlen. Baguette schräg in 12 Scheiben schneiden.

❷ Ofen auf 200 °C vorheizen. 4 Esslöffel Olivenöl in einer Pfanne erhitzen. Baguettescheiben darin beidseitig kurz anbraten, etwas abkühlen lassen.

❸ Eine Auflaufform mit 1 Esslöffel Öl einfetten. Brot-, Tomaten- und Käsescheiben abwechselnd in die Form schichten. Restliches Olivenöl über den Auflauf träufeln. Auflauf im vorgeheizten Ofen ca. 10 Minuten backen.

❹ Kurz vor Ende der Backzeit Walnusskerne und Basilikum über den Auflauf streuen. Auflauf heiß servieren.

Für 4 Personen, pro Portion ca. 433 kcal

Gebackenes Kartoffelpüree mit Tomatensauce

Wie wäre es einmal mit einem leichten vegetarischen Essen aus gebackenem Kartoffelpüree mit Tomatensauce? Dieses Gericht wird bei Ihren Kindern besonders gut ankommen.

❶ Ungeschälte Kartoffeln ca. 25 Minuten kochen, bis sie weich sind. Backofen auf 220 °C vorheizen.

❷ Kartoffeln schälen, in eine Schüssel geben und mit einer Gabel zerdrücken. Parmesan, Butter, Milch und Ei zufügen, alles gut mit dem Mixer pürieren, bis eine geschmeidige Masse entstanden ist. Ist das Püree zu trocken, zusätzliche Milch einrühren. Püree mit Muskatnuss, Pfeffer und Salz abschmecken.

❸ Kartoffelpüree in vier kleine Gratinförmchen füllen und auf mittlerer Schiene im Backofen ca. 15–20 Minuten bräunen.

❹ Für die Tomatensauce Tomaten vierteln, entkernen und in kleine Würfel schneiden. Schalotten und Knoblauchzehen abziehen, würfeln.

❺ Öl in einem Topf erhitzen, Schalottenwürfel mit Knoblauch andünsten. Tomatenstücke zugeben, mit Tomaten-Ketschup, Kräutern, etwas Zucker, Salz und Pfeffer abschmecken. Tomatensauce ca. 10 Minuten köcheln. Rosmarin entfernen.

❻ Tomatensauce heiß zum Kartoffelpüree servieren.

Für 4 Personen, pro Portion ca. 379 kcal

1 kg Kartoffeln, mehlig kochend
1 Esslöffel geriebener Parmesan
60 g Butter
1/4 l Milch
1 Ei
Muskatnuss
Pfeffer
Salz
600 g reife Tomaten
2 Schalotten
1 Knoblauchzehe
Öl für den Topf
1 Teelöffel Tomaten-Ketschup
1/2 Teelöffel getrocknete italienische Kräuter
1 kleiner Zweig Rosmarin
Zucker

Nudeln & Reis

Bandnudeln mit Spinat

Meersalz
300 g Bandnudeln
300 g frischer Blattspinat
2 Schalotten
2 Knoblauchzehen
1 Esslöffel Pinienkerne
2 Teelöffel Olivenöl
100 ml fettarme Milch (1,5%)
1 Teelöffel heller Saucenbinder
Kräutersalz
frisch gemahlener Pfeffer
frisch geriebene Muskatnuss
30 g geriebener Pecorino

Ein Gericht, einfach und schnell in der Zubereitung und noch dazu preiswert! Schmeckt mit einem frischen Salat aus Wurzelgemüse kombiniert als Hauptgericht, kann aber auch als Vorspeise innerhalb eines Menüs serviert werden.

❶ Reichlich Salzwasser aufkochen, Bandnudeln darin nach Packungsanweisung bissfest garen. Inzwischen Spinat verlesen, von groben Stielen befreien und waschen. Schalotten und Knoblauch schälen und fein hacken. Pinienkerne in einer kleinen Pfanne hellgelb rösten.

❷ Olivenöl in einem Topf erhitzen, Schalotten darin goldbraun braten, Knoblauch zugeben und kurz mitbraten. Spinat in den Topf geben und zusammenfallen lassen, ca. 3 Minuten zugedeckt bei schwacher Hitze dünsten. Mit Milch aufgießen, aufkochen lassen, Saucenbinder einrühren und dicken lassen. Spinat mit Kräutersalz, Pfeffer und einer Spur Muskatnuss abschmecken.

❸ Bandnudeln abgießen und abtropfen lassen, mit Spinat auf zwei vorgewärmten Tellern anrichten und mit Pinienkernen und Pecorino bestreut servieren.

Für 2 Personen, pro Portion ca. 745 kcal

Salbeinudeln mit Artischocken-Zucchini-Gemüse

Ein leichtes, fleischloses Gericht, das mit einem frischen Salat als Hauptmahlzeit serviert werden kann, aber ebenso als »Pasta-Gang« in einem italienischen Menü hervorragend passt.

1 Schalotte
1 Knoblauchzehe
4 Babyartischocken
200 g kleine Zucchini
1 Teelöffel Olivenöl
150 ml Gemüsebrühe
2 Esslöffel trockener Weißwein
1 Esslöffel Crème fraîche
Meersalz
frisch gemahlener Pfeffer
125 g Nudeln (z.B. Tagliatelle)
4 kleine Salbeiblätter
frisch geriebener Parmesan

❶ Schalotte und Knoblauch schälen und fein hacken. Artischocken waschen, von Stielen, unteren Blättern und harten Blattspitzen befreien. Artischocken vierteln. Zucchini putzen, waschen und in Stifte schneiden.

❷ Öl in einem Topf erhitzen. Schalotte darin anbraten, Knoblauch zugeben und kurz mitbraten. Mit Brühe und Wein aufgießen, Artischocken einlegen und zugedeckt ca. 25 Minuten bei schwacher Hitze garen. Zucchinistifte zugeben und Gemüse noch 5 Minuten köcheln lassen. Mit Crème fraîche verfeinern und mit Salz und Pfeffer abschmecken.

❸ Nudeln in kochendem Salzwasser nach Packungsanweisung bissfest garen, abgießen und abtropfen lassen. Salbeiblättchen in Streifen schneiden, unter die Nudeln mischen. Nudeln mit Gemüse auf zwei vorgewärmten Tellern anrichten. Mit Parmesan bestreuen.

Für 2 Personen, pro Portion ca. 365 kcal

Spagetti mit Tomaten-Paprika-Sugo

Der italienische Klassiker schmeckt in allen Variationen: Aus frischen Tomaten und Paprika wird ein süß-scharfer Sugo gekocht, der auch einen Tag im Voraus zubereitet werden kann.

1 Knoblauchzehe
1 Stange Lauch
1 Esslöffel Olivenöl
300 g frische Tomaten
1 rote Paprikaschote
1/2 kleine Chilischote
200 ml Gemüsebrühe
Salz
250 g Spagetti
Cayennepfeffer
1/2 Teelöffel Zucker
1 Esslöffel frische Oreganoblättchen

❶ Knoblauchzehe schälen und zerdrücken, Lauch waschen, putzen und in feine Röllchen schneiden. Olivenöl in einer flachen Kasserolle erhitzen, Lauch und Knoblauch darin kurz andünsten.

❷ Tomaten waschen, vom Stielansatz befreien und achteln. Paprika putzen, waschen und in feine Streifen schneiden. Beides in die Kasserolle geben und mitdünsten. Chilischote waschen, putzen, der Länge nach aufschneiden, entkernen und in sehr feine Stücke schneiden. Chilischote zum Gemüse zufügen und mit Gemüsebrühe aufgießen. Alles bei geschlossenem Deckel ca. 15 Minuten schmoren lassen.

❸ In einem großen Topf Salzwasser zum Kochen bringen und Nudeln nach Packungsanweisung darin bissfest garen.

❹ Tomaten-Paprika-Sugo mit Cayennepfeffer, Salz, etwas Zucker würzen. Oreganoblättchen waschen, trockentupfen, Blättchen fein hacken, in den Sugo geben und alles noch etwas einkochen lassen.

❺ Spagetti abseihen, in zwei tiefe Teller geben und den Sugo darüber verteilen.

Für 2 Personen, pro Portion ca. 550 kcal

Spargel-Ravioli

1,5 kg weißer Spargel
Salz
1 Prise Zucker
10 g Butter
600 g frische Ravioli mit Ricottafüllung
1 Schalotte
6 Esslöffel Weißwein-Essig
frisch gemahlener Pfeffer
4 Esslöffel Brühe
2 Eigelb
2 Esslöffel Olivenöl
2 Esslöffel Estragon, feingehackt
3 Esslöffel Tomatenstückchen
Cayennepfeffer

Ravioli mit Ricottafüllung gibt es tiefgefroren oder ganz frisch im italienischen Spezialitätengeschäft oder in gutsortierten Lebensmittelabteilungen der großen Kaufhäuser.

❶ Spargel schälen, holzige Enden entfernen, Spargel in kochendem Salzwasser mit Zucker und Butter 15–20 Minuten bissfest garen.

❷ Ravioli in leise köchelndem Salzwasser al dente garen.

❸ Schalotte schälen, würfeln und zusammen mit dem Essig und dem Pfeffer erhitzen, gut einkochen lassen. Brühe zugießen.

❹ Eigelb mit 2 Esslöffel Wasser im warmen Wasserbad cremig schlagen, Schalottensud darunter heben, Öl unterrühren, Estragon und Tomaten darunter mischen, mit Salz und Cayennepfeffer abschmecken, vorsichtig etwas erhitzen, jedoch nicht kochen.

❺ Spargel und Ravioli abgießen und abtropfen lassen. Auf einer großen Platte oder portionsweise auf großen Tellern anrichten und mit der Sauce übergießen.

Für 4 Personen, pro Portion ca. 462 kcal

Gnocchi mit Tomaten und Salbei

Die italienische Art, Kartoffelklößchen zuzubereiten: Aus gekochten Kartoffeln, Eigelb und Mehl entsteht der Teig für so genannte Gnocchi. Nach wenigen Minuten im heißen Wasser sind die Klößchen bereits gar, die – natürlich – am besten in einer Tomatensauce schmecken.

1 kg Kartoffeln, mehlig kochend
1 kg reife Strauchtomaten
2 Schalotten
2 Esslöffel Sonnenblumenöl
Salz
Pfeffer
3 Eigelb
200 g Mehl
1 Esslöffel Butter
12 Salbeiblätter
50 g Pecorino, gerieben

❶ Kartoffeln ungeschält in 20–25 Minuten weich kochen.

❷ Tomaten vierteln, entkernen und in Würfel schneiden. Schalotten abziehen und fein würfeln.

❸ Öl in einer Pfanne erhitzen. Schalottenwürfel zufügen und glasig dünsten. Tomatenwürfel zugeben, umrühren, mit Salz und Pfeffer abschmecken. Tomatengemüse bei mittlerer Hitze ca. 10 Minuten köcheln lassen, bis die Tomaten eingekocht sind. Eventuell nachwürzen.

❹ Ca. 2 l Salzwasser in einem großen Topf zum Kochen bringen.

❺ Die noch heißen Kartoffeln pellen, in eine Schüssel geben und mit einer Gabel kräftig zerdrücken. Eigelb, Salz und Mehl unterkneten, bis eine geschmeidige Masse entstanden ist. Mit einem Teelöffel Klößchen abstechen und zwischen den Handflächen zu kleinen Rollen formen. Die Gnocchi mit einer Gabel etwas flach drücken und dann portionsweise im kochenden Wasser ca. 4 Minuten ziehen lassen. Mit einem Schaumlöffel herausnehmen.

❻ Butter in einer Pfanne schmelzen lassen, Salbei kurz darin anbraten. Die Gnocchi in Salbei-Butter schwenken und auf Teller verteilen. Mit Tomatensauce und Pecorino servieren.

Für 4 Personen, pro Portion ca. 539 kcal

Ravioli mit Tomaten

1 Dose geschälte Tomaten mit Saft (800 g)
1 Zwiebel
1 Knoblauchzehe
4 Esslöffel Olivenöl
1 Zweig Rosmarin
Salz
frisch gemahlener Pfeffer
3 Esslöffel Pinienkerne
800 g frische Ravioli (mit Spinatfüllung)

Ravioli, das sind kleine italienische Teigtaschen, gefüllt mit den verschiedensten Farcen. Sie werden kochfertig angeboten. Eine Variante der Ravioli sind kleine gefüllte Teigringe, Tortellini genannt.

❶ Tomaten auf einem Sieb abtropfen lassen, Saft in einer Schüssel auffangen. Tomaten grob schneiden. Zwiebel und Knoblauchzehe abziehen; fein hacken.

❷ Olivenöl in einem Topf erhitzen, Zwiebel und Knoblauch ca. 3 Minuten darin andünsten. Tomatenfruchtfleisch, Tomatensaft und Rosmarin zugeben; Gemüse im offenen Topf ca. 20 Minuten köcheln lassen. Mit Salz und Pfeffer abschmecken.

❸ Pinienkerne in einer trockenen Pfanne goldbraun rösten. Ravioli in reichlich Salzwasser nach Packungsanweisung garen, abgießen und abtropfen lassen.

❹ Tomatensauce mit Salz und Pfeffer abschmecken, in einer Schüssel mit den Ravioli vermischen. Mit Pinienkernen bestreut servieren.

Für 4 Personen, pro Portion ca. 825 kcal

Bandnudeln mit Spargel und Brokkoli

250 g weißer Spargel
400 g Brokkoli
2 Knoblauchzehen
50 g Butter
Salz
frisch gemahlener Pfeffer
250 g Mascarpone
250 g Bandnudeln

Bandnudeln gibt es in unterschiedlichen Farben. Zu Spargel und Brokkoli passen die geschmacklich eher neutralen gelben sicherlich am besten.

❶ Spargel schälen, holzige Enden entfernen, in 2 cm große Stücke schneiden. Brokkoli putzen, waschen und zerteilen. Knoblauch fein hacken, zusammen mit dem Spargel und dem Brokkoli in der Butter erhitzen, 4 Minuten zugedeckt auf kleiner Flamme garen. Mit Salz und Pfeffer würzen, Mascarpone zugeben, gut mischen und cremig einkochen.

❷ Bandnudeln in 2–3 l sprudelndem Salzwasser al dente kochen, abgießen und abtropfen lassen. Portionsweise mit dem Gemüse anrichten.

Für 4 Personen, pro Portion ca. 609 kcal

Spargel-Risotto

Ein gutes Risotto verlangt Geduld. Man darf immer nur wenig Wasser zugießen und muss mit dem Nachgießen so lange warten, bis dieses ganz verkocht ist.

6 Stangen grüner Spargel
6 Stangen weißer Spargel
Salz
1 Teelöffel Butter
1 Prise Zucker
2 Esslöffel Sahne
1 Zwiebel
2 Esslöffel Öl
200 g Risotto-Reis
100 ml trockener Weißwein
frisch gemahlener weißer Pfeffer
100 g Parmesankäse, gerieben
Schnittlauch zum Garnieren

❶ Grünen Spargel waschen, weißen Spargel schälen, holzige Enden entfernen. Weißen Spargel 15 Minuten, grünen Spargel 10 Minuten in Salzwasser mit Butter und einer Prise Zucker bissfest garen. Herausnehmen und abtropfen lassen. Spargelspitzen abschneiden, restlichen Spargel in 1 cm lange Stücke schneiden, ein Drittel der Spargelstücke mit Sahne pürieren.

❷ Zwiebel fein hacken, in Öl hell dünsten, Reis zugeben und goldgelb anrösten. 750 ml Spargelsud mit Weißwein mischen. Den Reis damit nach und nach unter ständigem Rühren aufgießen, bis jeweils die Flüssigkeit verkocht ist. Fertiges Risotto mit Salz und Pfeffer abschmecken, Spargelpüree und Spargelstücke unterheben, Parmesan zugeben und alles gut mischen. Mit Schnittlauch garnieren.

Für 4 Personen, pro Portion ca. 360 kcal

Tomaten-Risotto

Dieses Risotto aus Reis und Tomaten ist ein typischer »Primo Piatto« in Italien. Wer es besonders würzig mag, kann die Gemüsebrühe durch trockenen Weißwein ersetzen.

1 Dose Tomatenstücke (400 g)
2 kleine Zwiebeln
2 Knoblauchzehen
2 Esslöffel Olivenöl
120 g Risottoreis (z. B. Aborio)
350 ml Tomatensaft
150 ml Gemüsebrühe
Zucker
Salz
Pfeffer
50 g Parmesan, gehobelt
Petersilie

❶ Tomaten abtropfen lassen. Zwiebeln und Knoblauchzehen abziehen und würfeln. Öl in einem großen Topf erhitzen, Zwiebel- und Knoblauchwürfel kurz dünsten. Risottoreis mit einem Holzlöffel unterrühren und kurz mitdünsten.

❷ Tomatensaft nach und nach in den Risotto rühren, ca. 20 Minuten auf kleiner Flamme garen. Sollte der Risotto mehr Flüssigkeit benötigen, Gemüsebrühe unterrühren.

❸ Nach Ende der Garzeit Tomatenstücke zum Risotto geben, umrühren und erwärmen lassen, mit Zucker, Salz und Pfeffer abschmecken. Tomatenrisotto vor dem Servieren mit Parmesan und Petersilie bestreuen.

Für 4 Personen, pro Portion ca. 252 kcal

Apfel-Curry-Risotto

Dieses Gericht gehört zur sogenannten Fusion-Cuisine, die Zutaten aus mehreren Esskulturen mischt und daraus Neues kreiert. Mit Orangensaft, Curry und Äpfeln wird bei diesem Rezept zum Beispiel aus einem herkömmlichen Reis-Gericht eine pikante, südländisch-orientalische Spezialität.

20 g Margarine
2 Zwiebeln
250 g Risotto-Reis
2 Esslöffel Currypulver
500 ml Brühe
500 g Äpfel
2 Esslöffel Zitronensaft
100 ml Orangensaft
1 Bund Kerbel

❶ In einem Topf Margarine erhitzen. Zwiebeln schälen, in Ringe schneiden und in der Margarine glasig dünsten.

❷ Risotto-Reis zu den Zwiebeln geben und mitdünsten. Currypulver darüber streuen, mit Brühe auffüllen und alles 15 Minuten zugedeckt garen lassen.

❸ Äpfel waschen, vierteln und vom Kerngehäuse befreien. Apfelviertel in Stifte schneiden und in eine Schüssel legen. Zitronensaft und Orangensaft zugießen und vermischen. Äpfel zum Reis geben und alles ca. 5–6 Minuten garen.

❹ Kerbel waschen, Blättchen abzupfen und fein hacken. Apfel-Curry-Risotto auf Teller verteilen und mit Kerbel garnieren.

Für 4 Personen, pro Portion ca. 270 kcal

Naturreis mit Kürbis-Mango-Gemüse

Ein süß-scharfer Genuss aus der Vollwertküche: Milder Kürbis und fruchtige Mango vereinen sich mit Naturreis auf raffinierte Art.

100 g Langkorn-Naturreis
400 ml Gemüsebrühe
1 Msp. Safran
300 g Kürbis
1 Esslöffel Sonnenblumenöl
1 Teelöffel Limettensaft
frisch gemahlener Pfeffer
etwas Chilipulver
1/2 Mango
1 Esslöffel gehackte Mandeln

❶ Naturreis waschen. Gemüsebrühe erhitzen. Safran und Reis in die Brühe geben und alles im geschlossenen Topf bei schwacher Hitze ca. 35–40 Minuten quellen lassen. Eventuell noch Gemüsebrühe nachgießen – es muss immer etwas Flüssigkeit im Topf sein.

❷ Kürbis schälen, Kerne und weiche Faserteilen entfernen und Fruchtfleisch in Würfel schneiden. Öl in einer Pfanne erhitzen und Kürbisfleisch darin einige Minuten dünsten. Mit Limettensaft, Pfeffer und Chilipulver abschmecken.

❸ Mango schälen, Fruchtfleisch in mundgerechte Stücke schneiden und mit dem gedünsteten Kürbis vermischen. Reis und Kürbis-Mango-Gemüse auf zwei Tellern anrichten, mit gehackten Mandeln bestreuen.

Für 2 Personen, pro Portion ca. 340 kcal

Grünkern-Risotto

Grünkern ist unreif geerntetes Dinkelgetreide, das gedarrt wird und dadurch einen kräftig-nussigen Geschmack erhält.

150 g Grünkern (ganz)
2 Schalotten
4 Möhren
1 Chilischote
1 Teelöffel Olivenöl
400 ml Gemüsebrühe
1 Bund Petersilie
etwas abgeriebene Schale von 1 unbehandelten Zitrone
frisch gemahlener Pfeffer
Meersalz

❶ Grünkernkörner über Nacht in einer Schale mit Wasser einweichen.

❷ Grünkern abgießen und gut abtropfen lassen. Schalotten schälen und fein hacken. Möhren schälen und in feine Stifte schneiden. Chilischote waschen, putzen, längs aufschneiden, entkernen und in feine Streifen schneiden.

❸ Olivenöl in einer großen Pfanne erhitzen und Schalotten darin glasig dünsten. Grünkern zugeben und unter Rühren kurz anbraten. Mit Gemüsebrühe aufgießen, Möhren und Chilischote zufügen. Alles in der geschlossenen Pfanne bei schwacher Hitze ca. 10–15 Minuten köcheln lassen.

❹ Da der Grünkern quillt und die Flüssigkeit aufsaugt, eventuell zwischendurch noch Brühe nachgießen. Falls nach dem Kochen zu viel Flüssigkeit vorhanden ist, diese bei starker Hitze und geöffneter Pfanne verdampfen lassen.

❺ Petersilie fein hacken und in die Pfanne geben. Grünkern-Risotto mit etwas Zitronenschale, frisch gemahlenem Pfeffer und Meersalz abschmecken.

Für 2 Personen, pro Portion ca. 315 kcal

Indisches Gemüsecurry mit Mandelreis

Kurz gedünstetes Gemüse mit indisch gewürztem Reis – ein kulinarisches und optisches Highlight! Kurkuma, auch Gelbwurz genannt und wichtiger Bestandteil jedes Currypulvers, färbt Speisen intensiv gelb und regt die Verdauung an.

60 g getrocknete Aprikosen
1/2 Teelöffel Kurkuma
125 g Langkornreis (parboiled)
1 Stück Zimtstange
1 Kardamomkapsel
Meersalz
2 Esslöffel Mandelblättchen
3 Möhren
je 1/2 rote, grüne und gelbe Paprikaschote
3 Frühlingszwiebeln
1 Teelöffel Erdnussöl
1/2 Teelöffel Kreuzkümmel (Cumin)
1/2 Teelöffel gemahlener Koriander
125 ml Gemüsebrühe
Cayennepfeffer
1 Esslöffel frische Minzeblättchen

❶ Aprikosen mit Wasser bedeckt aufkochen und zugedeckt ca. 10 Minuten bei schwacher Hitze köcheln lassen. Abtropfen lassen und Kochsud auffangen. Sud mit Wasser auf 250 ml auffüllen. Kurkuma, Reis, Zimt und Kardamom zugeben, salzen und Reis 15 Minuten bei schwacher Hitze zugedeckt köcheln lassen. Das Kochwasser sollte völlig aufgesogen werden.

❷ Mandelblättchen in einer Pfanne trocken unter Wenden goldgelb rösten. Möhren schälen und in Scheiben schneiden. Paprikaschoten putzen, waschen und in dünne Streifen schneiden. Frühlingszwiebeln putzen und schräg in Stücke schneiden.

❸ Öl in einem Topf erhitzen, Kreuzkümmel und Koriander kurz darin anbraten, Möhren zugeben und 5 Minuten dünsten. Paprikaschoten untermischen und Gemüse 5 Minuten zugedeckt garen. Frühlingszwiebeln unterrühren und alles noch 2 Minuten garen. Mit Gemüsebrühe aufgießen, aufkochen lassen und mit Salz und Cayennepfeffer würzen.

❹ Aprikosen würfeln. Mit Mandelblättchen zum Reis geben und unterheben. Minzeblättchen fein hacken und Gemüse damit bestreuen. Gemüse mit Reis auf zwei vorgewärmten Tellern anrichten.

Für 2 Personen, pro Portion ca. 440 kcal

350 ml Milch
150 g Butter
375 g Milchreis
2 kg Äpfel
150 ml Weißwein
120 g Zucker
Saft und Schale von 1/2 unbehandelten Zitrone
5 Eier
2 Esslöffel Rum
Salz
weiche Margarine für die Form
1 Teelöffel Hagelzucker
Zimt
einige Butterflocken

Reisauflauf mit Äpfeln

Ein süßer Milchreis-Auflauf für kleine und große Leckermäuler. Dieser süße Apfelauflauf ist besonders bei Kindern sehr beliebt. Dann sollten Sie allerdings den Weißwein durch Apfelsaft ersetzen. Man kann den Milchreis mit Apfelmus oder einem anderen Obst-Kompott servieren. Eine andere Variante: Etwas Apfelmus wird als zusätzliche Schicht in die Auflaufform gegeben und mitgebacken.

❶ In einem Topf Milch erwärmen, 25 g Butter darin auflösen und Reis zugeben. Alles so lange kochen, bis der Reis weich ist. Topf vom Herd nehmen und Reis auskühlen lassen.

❷ Äpfel schälen, halbieren und vom Kerngehäuse befreien. In einem Topf 1 l Wasser erwärmen. Apfelhälften, Weißwein, 100 g Zucker und Zitronensaft zugeben und Äpfel weich dünsten. Aus dem Topf nehmen und gut abtropfen lassen.

❸ Zitronenschale fein hacken. Eier trennen. 125 g Butter in einer Schüssel schaumig rühren. Eigelb, restlichen Zucker, Rum, Zitronenschale, Milchreis und 1 Prise Salz zugeben. Das Eiweiß steif schlagen und unterheben.

❹ Backofen auf 180 °C vorheizen.

❺ Eine Auflaufform mit der weichen Margarine einfetten. Die Hälfte der Eiweißmasse in die gefettete Auflaufform füllen und mit Äpfeln bedecken. Restliche Eiermasse über die Äpfel geben. Mit Hagelzucker, Zimt und einzelnen Butterflöckchen bestreuen und ca. 1 Stunde im vorgeheizten Backofen backen. Mit einer Kuchennadel die Garprobe machen.

Für 4 Personen, pro Portion ca. 1250 kcal

Gefüllte Tomaten mit Sultaninen-Reis

Gefüllte Tomaten mit Sultaninen-Reis und Zutaten wie Mandeln, Curry oder Zimt machen diese Tomatenbeilage passend für verschiedenste Reis- oder Gemüsegerichte.

2 Schalotten
8 Fleischtomaten
150 g Reis
2 Teelöffel Mandelstifte
50 g Sultaninen
Zimtpulver
Currypulver
Salz
Pfeffer
4 Esslöffel Tomaten-Ketschup
8 Esslöffel Sonnenblumenöl

❶ Schalotten abziehen und würfeln. Von den Tomaten einen Deckel abschneiden und Tomaten vorsichtig mit einem Teelöffel aushöhlen.

❷ Tomaten-Fruchtfleisch fein würfeln und in eine Schüssel geben. Rohen Reis, Zwiebelwürfel, Mandelstifte und Sultaninen zufügen. Alles gut vermischen; mit Zimt- und Currypulver leicht überstäuben, mit Salz und Pfeffer abschmecken. Füllung noch einmal mischen.

❸ Ausgehöhlte Tomaten nebeneinander in eine große Kasserolle setzen, mit der Reis-Tomaten-Mischung füllen. Tomaten-Ketschup mit Öl verrühren und um die Tomaten herum geben. Kasserolle seitlich mit Wasser füllen; es sollte bis zur halben Tomatenhöhe reichen.

❹ Kasserolle mit dem Deckel verschließen, Inhalt zum Kochen bringen und ca. 30 Minuten leise köcheln lassen. Gegarte Tomaten mit dem Schaumlöffel aus der Kasserolle heben.

Für 4 Personen, pro Portion ca. 404 kcal

Saucen, Dips & Eingelegtes

4 Eigelb
2 Teelöffel Zitronensaft
Salz
frisch gemahlener weißer Pfeffer
250 g Butter

Sauce Hollandaise

Die Eier sollten bereits 2 Stunden vor der Zubereitung der Sauce Hollandaise aus dem Kühlschrank genommen werden, denn bei Zimmertemperatur lassen sie sich besser verarbeiten.

Eigelb mit Zitronensaft, Salz und Pfeffer kräftig zu einer cremigen Masse schlagen. Im Wasserbad heiß werden und unter ständigem Rühren eindicken lassen. Flüssige, noch warme Butter langsam zugießen und unterschlagen.

Für 4 Personen, pro Portion ca. 535 kcal

Zutaten wie für Sauce Hollandaise

zusätzlich:
80 g Butter
60 g Walnusskerne

Walnuss-Hollandaise

Wenn es einmal schnell gehen muss, ist diese Sauce rasch zubereitet und mit Walnüssen verfeinert, ideal.

❶ Sauce Hollandaise gemäß Rezept oben zubereiten.

❷ Butter in Stücke schneiden und nach und nach unter die Sauce schlagen. Walnüsse fein hacken und unterheben.

Für 4 Personen, pro Portion ca. 382 kcal

Käsesauce

Diese Käsesauce passt sehr gut zu Spargel, und sie entfaltet ihrerseits bereits ein feines Spargelaroma, wenn sie mit Spargelsud statt Wasser angerührt wird.

❶ Wasser erhitzen, Saucenpulver einrühren, aufkochen. Schmelzkäse darin zerlassen und verrühren, Crème fraîche unterheben, mit Salz, Pfeffer und Zitronensaft abschmecken.

❷ Zitronenschale mit Parmesan mischen. Nach dem Anrichten über die Sauce geben.

Für 4 Personen, pro Portion ca. 450 kcal

1 Päckchen helle Sauce für 250 ml Flüssigkeit
200 g Sahneschmelzkäse
150 g Crème fraîche
Salz
frisch gemahlener Pfeffer
1 Esslöffel Zitronensaft
1 Esslöffel abgeriebene Schale von 1 unbehandelten Zitrone
5 Esslöffel Parmesan, gerieben

Paprika-Jogurt-Sauce

Schnell zubereitet, verleiht diese Sauce jedem Spargelgericht eine leicht exotische Note.

Speisestärke und Paprika mit etwas kalter Brühe anrühren. Restliche Brühe und Sahne erhitzen, Paprikamischung unterrühren, 1–2 Minuten unter ständigem Rühren aufkochen. Sauce vom Herd nehmen, Jogurt unterrühren, mit Salz und Zucker abschmecken.

Für 4 Personen, pro Portion ca. 108 kcal

3 Teelöffel Speisestärke
2 Teelöffel Paprika
200 ml Gemüsebrühe
100 ml Sahne
150 g Naturjogurt
1 Prise Salz
1 Prise Zucker

Grüne Sauce

200 g Rahmspinat, tiefgekühlt
2 Zwiebeln
2 Esslöffel Butter
200 g Crème fraîche
Salz
frisch gemahlener Pfeffer

Die grüne Sauce gibt es in vielen Varianten. Die italiener z.B. mischen hartgekochte Eier, Kapern, Petersilie und Knoblauch sowie Olivenöl und Zitrone. Die sogenannte Frankfurter Sauce enthält verschiedene Kräuter, die in eine Majonäse eingerührt werden. Hier eine erfrischende Version mit Spinat.

❶ Spinat auftauen, Zwiebeln schälen und fein würfeln.

❷ Butter zerlassen, Zwiebeln darin glasig dünsten, Spinat zugeben und erhitzen. Crème fraîche unterheben, mit Salz und Pfeffer abschmecken.

Für 4 Personen, pro Portion ca. 300 kcal

Avocadosauce

275 ml Milch
1 Päckchen Sauce Hollandaise (ca. 60 ml)
2 Avocado
Saft von 1 Zitrone
1 Prise Zucker
frisch gemahlener Pfeffer

Natürlich kann die Avocadosauce auch mit selbstgemachter Sauce Hollandaise zubereitet werden; für Sauce Hollandaise siehe Rezept Seite 168.

❶ Milch erwärmen, Sauce Hollandaise unterrühren, aufkochen.

❷ Avocados halbieren, Kern entfernen, Fruchtfleisch mit einem Löffel aus der Schale nehmen, pürieren, Zirtonensaft unterziehen.

❸ Avocadopüree in die Sauce Hollandaise rühren, mit Zucker und Pfeffer abschmecken.

Für 4 Personen, pro Portion ca. 275 kcal

Wodka-Kirschtomaten

Jetzt wird's russisch: Wodka-Kirschtomaten – das ist der perfekte Zwischengang eines mehrgängigen Menüs; einfach vor der Hauptspeise servieren, um noch einmal den Appetit anzuregen.

500 g Kirschtomaten

2 Päckchen eingelegte, grüne Pfefferkörner

1 Tasse Wodka

4 Esslöffel Kräutersalz

1 Esslöffel weißer Pfeffer aus der Mühle

1 Limone

❶ Kirschtomaten rundum mit einem Zahnstocher einstechen. Pfefferkörner aus der Lake nehmen und mit dem Messerrücken zerdrücken. Lake aufheben.

❷ Wodka in eine Auflaufform gießen, Pfeffer und Lake zugeben. Kirschtomaten nebeneinander hineinsetzen. Form mit Klarsichtfolie abdecken und 2 Stunden in den Kühlschrank stellen.

❸ Kräutersalz in einer Schale mit weißem Pfeffer mischen und als Dip zu den Kirschtomaten reichen. Limone achteln und damit das Kräutersalz garnieren. Kirschtomaten vor dem Verzehr auf Küchenkrepp abtropfen lassen.

Für 4 Personen, pro Portion ca. 83 kcal

Kräutersauce

- 1 Teelöffel Senf
- 125 g Trinkmilch-Jogurt
- 1 Esslöffel Zitronensaft
- Salz
- frisch gemahlener Pfeffer
- 2 Esslöffel gehackte Kräuter (Petersilie, Schnittlauch, Kerbel, Dill, Koriandergrün)
- 100 ml Sahne

Die Kräuter können natürlich ganz nach dem eigenen Geschmack oder entsprechend dem, was im Kräutergarten wächst, variiert werden.

❶ Senf, Jogurt und Zitronensaft zu einer glatten Sauce verrühren, mit Salz und Pfeffer abschmecken, Kräuter unterheben.

❷ Sahne steif schlagen und unter die Kräutersauce ziehen.

Für 4 Personen, pro Portion ca. 78 kcal

Estragonsauce

- 2 Eier
- Saft von 1 Zitrone
- 2 Becher Sahne
- 4 Teelöffel Senf, mittelscharf
- 4 Esslöffel Estragonessig
- 2 Bund Estragon
- Olivenöl
- Salz
- frisch gemahlener Pfeffer

Optisch und geschmacklich kann diese Sauce etwas variiert werden, indem man vor dem Anrichten noch 2–3 geschälte und gewürfelte Tomaten unter die Sauce mischt.

Eier, Zitrone, Sahne, Senf und Estragonessig mit dem Pürierstab verrühren. Fein gehackten Estragon unterheben, mit Olivenöl, Salz und Pfeffer abschmecken.

Für 4 Personen, pro Portion ca. 350 kcal

Tomaten-Honig-Sauce

Diese pikant-süße Sauce ist vielseitig verwendbar: heiß zu Reis, gedünstetem Brokkoli oder Kartoffelplätzchen – kalt zu frittiertem Camembert.

1 kleine Zwiebel
1 Knoblauchzehe
8 Strauchtomaten
3 Esslöffel Basilikumöl
2 Esslöffel Waldhonig
1 Esslöffel Balsamico-Essig
Salz
Pfeffer

❶ Zwiebel und Knoblauchzehe abziehen, beides fein hacken. Tomaten häuten, vierteln und entkernen. Tomatenviertel in kleine Würfel schneiden.

❷ Öl in einer Pfanne erhitzen, Zwiebel und Knoblauch andünsten. Tomatenwürfel, Honig, Essig, Salz und Pfeffer zufügen und gut durchrühren. Sauce unter Rühren dicklich einkochen lassen.

❸ Tomaten-Honig-Sauce nach dem Kochen noch einmal nach Belieben mit Salz und Pfeffer abschmecken. Heiß oder kalt servieren.

Für 4 Personen, pro Portion ca. 126 kcal

Klassische Tomatensauce für Nudeln

Spagetti mit Tomatensauce ist mittlerweile zum Klassiker geworden, der immer wieder gern gegessen wird – ob als Vor- oder als Hauptspeise. Wer diese Tomatensauce gleich auf Vorrat kocht und portionsweise einfriert, kann jederzeit ein schnelles Essen zaubern: Sauce antauen lassen, erhitzen, Nudeln kochen, fertig.

800 g Fleischtomaten
2 Schalotten
1 Knoblauchzehe
2 Esslöffel Olivenöl
Salz
Pfeffer
1 Prise Zucker
1 Esslöffel Balsamico-Essig

❶ Tomaten häuten, vierteln und entkernen. Tomatenviertel in kleine Würfel schneiden. Schalotten und Knoblauchzehe abziehen, fein hacken.

❷ Öl in einem Topf erhitzen, Schalotten und Knoblauch andünsten. Tomatenstücke zugeben und mit Salz, Pfeffer, Zucker und Essig abschmecken. Sauce auf kleiner Flamme zugedeckt ca. 45 Minuten köcheln lassen. Wird die Sauce zu dick, wenig Wasser einrühren.

❸ Tomatensauce noch einmal ca. 5 Minuten köcheln lassen. Nach Belieben nachwürzen. Heiß servieren.

Für 4 Personen, pro Portion ca. 87 kcal

Käse-Dip

Die jeweiligen Zutaten gut miteinander verrühren und mit den angegebenen Gewürzen abschmecken.

Für 4 Personen, pro Portion ca. 324 kcal

200 g Sahne-Frischkäse
1 Becher Sahne
Salz
frisch gemahlener Pfeffer
1 Teelöffel Petersilie, feingehackt
1 Teelöffel Kerbel, feingehackt
1 Teelöffel Zitronenmelisse, feingehackt

Tomaten-Dip

Die jeweiligen Zutaten gut miteinander verrühren und mit den angegebenen Gewürzen abschmecken.

Für 4 Personen, pro Portion ca. 64 kcal

70 g Tomatenmark
3 Esslöffel Crème fraîche
Saft von 1/2 Zitrone
Salz
frisch gemahlener Pfeffer
1 Prise Zucker

Orangen-Dip

Die jeweiligen Zutaten gut miteinander verrühren und mit den angegebenen Gewürzen abschmecken.

Für 4 Personen, pro Portion ca. 100 kcal

125 g Sahne, geschlagen
3 Esslöffel Orangensaft
1/2 Teelöffel Zucker
1 Prise Salz
Ingwer, gemahlen

Eingelegte Cherrytomaten mit Oliven und Schafskäse

Eingelegte Tomaten und Co. eignen sich gut als »Knabberei« zu Wein, Sekt oder Champagner. Das passende Besteck: kleine Bowlen-Gabeln.

500 g Cherry-Strauchtomaten
500 g Schafskäse
1 Bund glatte Petersilie
1 Knoblauchzehe
60 g schwarze Oliven, entsteint
60 g grüne Oliven, entsteint
150 ml Weinessig
1/2 l Olivenöl
Salz
bunter Pfeffer aus der Mühle
Zucker

❶ Tomaten mit einem Zahnstocher rundum einstechen. Schafskäse in ca. 2 x 2 cm große Würfel teilen.

❷ Petersilie grob hacken, Knoblauchzehe abziehen und in feine Scheiben hobeln. Schafskäse abwechselnd mit Tomaten, Oliven, Knoblauch und Kräutern in ein großes Glas (Füllmenge ca. 1,5 l) schichten.

❸ Für die Marinade Essig mit Öl verrühren und mit Salz, Pfeffer und Zucker abschmecken. Marinade über die Zutaten im Glas gießen.

❹ Glas mit Klarsichtfolie verschließen und Eingelegtes im Kühlschrank einen Tag ziehen lassen. Kühl aufbewahren; binnen vier Tagen verbrauchen.

Für 4 Personen, pro Portion ca. 402 kcal

Salsa mit Tomaten und Avocado

Ein scharfer Dip zu Nachos, den würzigen mexikanischen Chips, aber auch ein pikanter Brotaufstrich – das ist Salsa mit Tomaten und Avocado.

400 g Eiertomaten
2 Schalotten
1 Knoblauchzehe
1/2 Bund glatte Petersilie
1 Avocado
Salz
1/4 Teelöffel Chilipulver
Saft von 1 Limette
2 Esslöffel Crème fraîche

❶ Tomaten häuten, vierteln und entkernen. Tomatenviertel in sehr kleine Würfel schneiden. Schalotten und Knoblauchzehe abziehen, fein hacken. Petersilie grob hacken. Avocado der Länge nach halbieren, Kern entfernen und Fruchtfleisch mit einem Löffel herausnehmen; klein würfeln.

❷ Vorbereitete Zutaten vermischen, mit Chilipulver und Limettensaft abschmecken. Crème fraîche glatt rühren und mit der Salsa vermischen.

Für 4 Personen, pro Portion ca. 131 kcal

Teufelstunke

Diese kalte Sauce passt wunderbar zu Sandwiches oder als Dip für knackiges Gemüse. Die Schärfe kann man durch die Menge des beigefügten Pfeffers bestimmen.

❶ Äpfel schälen, vierteln und vom Kerngehäuse befreien. Apfelviertel in feine Streifen schneiden.

❷ Apfelmasse in eine Schüssel geben und mit Tomatenketschup, Senf, Majonäse und Zitronensaft verrühren.

❸ Mit Salz und Pfeffer nach Belieben abschmecken. Schnittlauch waschen, in kleine Röllchen schneiden und untermischen. Sauce heiß oder kalt servieren.

Für 4 Personen, pro Portion ca. 110 kcal

100 g Äpfel
100 g Tomatenketschup
20 g Senf
40 g Majonäse
Saft von 1/2 Zitrone
Salz
frisch gemahlener schwarzer Pfeffer
1/2 Bund Schnittlauch

Birnen-Tomaten-Chutney

Das Chutney aus Birnen und Tomaten ähnelt einer süß-sauren Marmelade. Besonders gut macht es sich als Würzsauce zu gefüllten Blätterteigtaschen wie Frühlingsrollen oder zu frittiertem Gemüse.

❶ Birnen abtropfen lassen und würfeln. Tomaten vierteln, entkernen und in schmale Streifen schneiden. Tomatenstreifen leicht salzen. Zwiebeln abziehen und in Ringe schneiden.

❷ Birnenwürfel, Tomatenstreifen und Zwiebelringe in einen Topf geben, mit Essig begießen und zum Kochen bringen. Senfpulver, Pfeffer, Zucker, etwas Salz und Zimtstange zufügen. Das Chutney unter mehrmaligem Rühren einkochen lassen, bis eine dickliche Masse entstanden ist.

❸ Zimtstange nach dem Einkochen entfernen und das Chutney in Einmachgläser füllen. Im Kühlschrank aufbewahren; nach dem Öffnen innerhalb von 1 Woche verbrauchen.

Für 4 Personen, pro Portion ca. 320 kcal

1 Dose Williamsbirnen (400 g)
300 g Fleischtomaten
3 kleine rote Zwiebeln
250 ml Apfelessig
1 Teelöffel Senfpulver
1/2 Teelöffel weißer Pfeffer
200 g brauner Zucker
Salz
1 Zimtstange

Nachspeisen

Bananendessert

Auf süße Nachspeisen muss man nicht verzichten, wenn man sich gesund ernähren möchte. Das beweist das köstliche Bananendessert, das leicht und bekömmlich ist, weil es kein Fett enthält.

1 Banane
1 Teelöffel Zitronensaft
2 Teelöffel Honig
2 Esslöffel Haferflocken

❶ Banane schälen und der Länge nach halbieren. Bananenhälften mit Zitronensaft beträufeln. Honig auf einen Teller geben und Banane darin wenden.

❷ Haferflocken in eine beschichtete Pfanne ohne Fett geben und hellbraun rösten. Bananenhälften auf die gerösteten Haferflocken legen und zuerst auf der flachen Seite einige Minuten anbraten, dann vorsichtig wenden (damit die Haferflocken haften bleiben) und die andere Seite einige Minuten anbraten.

❸ Die noch heißen Bananenhälften auf zwei Teller legen, die gerösteten Haferflocken darüber streuen und sofort servieren.

Für 2 Personen, pro Portion ca. 120 kcal

Gebackene Ananas

Ananas darf man pur in großen Mengen essen, denn sie enthalten entschlackende Stoffe. Beim Dessert genügen allerdings zwei Scheiben, denn zu viel Honig oder Zucker wird vom Körper in Fett umgewandelt!

4 Scheiben frische Ananas (ca. 1 cm dick)
2 Esslöffel Akazienhonig
2 Teelöffel weißer Rum
2 Teelöffel Kokosmilch

❶ Ananasscheiben halbieren, ein Backblech mit Alufolie auslegen und Ananasstücke darauf legen, mit Akazienhonig und Rum beträufeln.

❷ Backofen auf 180 °C vorheizen.

❸ Ananas im vorgeheizten Backofen ca. 5–8 Minuten backen. Ananasstücke auf zwei großen Tellern anrichten und noch heiß mit Kokosmilch beträufeln.

Für 2 Personen, pro Portion ca. 130 kcal

Honigpfannkuchen

Auch süße Pfannkuchen lassen sich fettarm zubereiten: Wichtig zum Backen ist eine beschichtete Pfanne, dann benötigt man nur für den Teig etwas Öl.

60 g Dinkelvollkornmehl
100 ml Buttermilch
1 Teelöffel Distelöl
2 Eier
1 Prise Salz
1/2 Teelöffel Vanillezucker
ca. 2 Esslöffel Honig
etwas Zimt
Puderzucker

❶ Dinkelmehl, Buttermilch und Distelöl in eine Schüssel geben und mit einem Schneebesen glatt rühren.

❷ Die beiden Eier nacheinander zugeben und Teig kräftig verquirlen. Salz und Vanillezucker zufügen und unterrühren. Den flüssigen Teig mindestens 25 Minuten ruhen lassen und vor dem Backen noch einmal durchrühren.

❸ Eine beschichtete Pfanne erhitzen und ca. 1/4 des Teiges hineingießen. Jeden Pfannkuchen bei schwacher Hitze von beiden Seiten ca. 2 Minuten goldgelb backen. Herausnehmen und warm halten.

❹ Die noch warmen Pfannkuchen mit etwas Honig bestreichen und nach Belieben mit Zimt bestreuen. Pfannkuchen zusammenrollen und mit Puderzucker bestäuben.

Für 2 Personen, pro Portion ca. 250 kcal

Stachelbeersuppe

Die Stachelbeeren gibt es als weiße, grüne, rote und gelbe Variante. Die Suppe kann warm oder kalt serviert werden und ist eine raffinierte Vorspeise zu einem orientalisch inspirierten Menü.

500 g Stachelbeeren
150 g Zucker
250 ml Weißwein
250 ml naturtrüber Apfelsaft
1 Prise Currypulver
4 Zweige Zitronenmelisse

1. Stachelbeeren waschen, von Stielen und Härchen befreien.

2. Zucker in einem schweren Topf hell karamellisieren lassen, Stachelbeeren zugeben und mit Wein und Apfelsaft aufgießen. Currypulver einrühren und alles 10 Minuten bei milder Hitze im geschlossenen Topf köcheln lassen.

3. Zitronenmelisse waschen, Blättchen von zwei Zweigen fein hacken, zufügen. Suppe pürieren und durch ein Sieb passieren.

4. Mit der restlichen Zitronenmelisse garniert servieren.

Für 4 Personen, pro Portion ca. 340 kcal

Glühweinapfel

Ein winterliches Dessert, das herrlich nach Zimt und Nelken duftet und ganz unkompliziert in der Zubereitung ist.

2 Beutel fertiges Glühweingewürz (enthält u.a. Zimt und Nelken)
125 ml Rotwein
2 Äpfel
2 Teelöffel Ahornsirup

1. 125 ml Wasser in einem kleinen Topf zum Kochen bringen, Glühweingewürz und Rotwein zugeben, bei schwacher Hitze 10 Minuten ziehen lassen, Beutel herausnehmen.

2. Äpfel schälen und unzerteilt in den Sud geben. Topf abdecken und Äpfel ca. 15 Minuten darin bei schwacher Hitze dünsten.

3. Die gedünsteten Äpfel auf zwei Teller legen, Ahornsirup zum Sud geben und diesen bei starker Hitze kurz einkochen. Sud über die Äpfel gießen und sofort servieren.

Für 2 Personen, pro Portion ca. 145 kcal

Feigen in Brombeer-Rotwein-Sauce

Ein fruchtiges Dessert aus der mediterranen Küche, das ein köstlicher Abschluss für ein kleines Menü sein kann.

125 g Brombeeren
125 ml Rotwein
1/2 Teelöffel Speisestärke
1 Esslöffel Honig
3 frische Feigen

❶ Brombeeren waschen und einige Früchte zum Garnieren beiseite legen. Restliche Beeren mit dem Stabmixer pürieren. Fruchtmus durch ein feines Sieb in einen kleinen Kochtopf streichen.

❷ Rotwein zugießen und die Masse langsam erhitzen. Speisestärke mit einem Teelöffel Wasser anrühren, zur heißen Fruchtmasse geben und vorsichtig unterrühren, damit sich keine Klümpchen bilden. Fruchtsauce einmal kurz aufkochen und mit einem Esslöffel Honig süßen.

❸ Feigen waschen, putzen und in Scheiben schneiden. Obst auf zwei Desserttellern anrichten und mit der heißen Beeren-Wein-Sauce übergießen. Mit einigen Brombeeren garnieren.

Für 2 Personen, pro Portion ca. 124 kcal

Himbeersorbet

Ein leichtes Dessert ohne Fett, das aus wenigen Zutaten besteht und ein sommerliches Menü aufs Schönste abrundet.

100 g Himbeeren
1 Esslöffel Zitronensaft
1 Esslöffel Honig
125 ml Prosecco
1 Teelöffel Himbeergeist
einige Blätter Zitronenmelisse

❶ Himbeeren verlesen, waschen und pürieren. Fruchtmus durch ein feines Sieb in ein kleines gefrierfestes Gefäß streichen.

❷ Himbeermus mit Zitronensaft, Honig, Prosecco und Himbeergeist verrühren. Fruchtmus in das Gefrierfach stellen und in ca. 3 Stunden fest werden lassen. Dabei das Sorbet in der ersten Stunde alle 15 Minuten, danach alle 30 Minuten mit einem kleinen Schneebesen durchrühren.

❸ Himbeersorbet in gekühlten Sektgläsern anrichten, mit Zitronenmelisse garnieren und sofort servieren.

Für 2 Personen, pro Portion ca. 115 kcal

Mango-Granita

Eine fruchtig-frische Nachspeise für den Sommer: Granita – Halbgefrorenes ist ein leichtes Dessert aus Italien, das man aus verschiedenen Früchten oder auch aus Kaffee zubereiten kann. Die raffiniert-spritzige Note erhält die kühle Köstlichkeit durch die Zugabe von etwas Sekt.

1 reife Mango
75 ml Sekt
75 ml Orangensaft
1 Eiweiß
1 Teelöffel Puderzucker

❶ Mango schälen, Fruchtfleisch vom Kern schneiden und in kleine Stücke teilen.

❷ Fruchtstücke, Sekt und Orangensaft in ein hohes Gefäß geben und mit dem Stabmixer fein pürieren.

❸ Fruchtmus in eine flache Gefrierdose geben und ins Gefrierfach stellen. Sobald das Mus beginnt anzufrieren, Fruchtmus aus der Dose in eine Rührschüssel geben und kräftig durchrühren.

❹ Eiweiß mit Puderzucker zu Eischnee schlagen, vorsichtig unter das Fruchtmus heben. Masse wieder in die Gefrierdose füllen und erneut ins Gefrierfach stellen, bis das Fruchtpüree gefroren ist.

Für 2 Personen, pro Portion ca. 111 kcal

Heidelbeerjogurt

100 g Heidelbeeren
2 Teelöffel Ahornsirup
1 Prise Zimt
250 g fettarmer Jogurt (1,5 %)

Jogurt ist die ideale Basis für leichte Nachspeisen, da er sich wunderbar mit Obst variieren lässt. Und wenn Gäste kommen: Das Dessert mit frischen Heidelbeeren lässt sich auch noch in letzter Minute anrühren.

❶ Heidelbeeren waschen, einige Beeren beiseite legen. Die restlichen in ein hohes Gefäß geben, Ahornsirup und eine Prise Zimt zufügen und alles pürieren.

❷ Jogurt mit einem kleinen Schneebesen unterrühren und die Creme auf zwei Schälchen verteilen. Mit Heidelbeeren garnieren.

Für 2 Personen, pro Portion ca. 110 kcal

Pflaumensuppe

500 g Pflaumen
1 Prise Salz
1 Esslöffel Speisestärke
1 Teelöffel Zimt
1–2 Esslöffel Puderzucker
125 g Jogurt
Makronen oder Löffelbiskuits

Im Herbst, wenn frische Früchte im Überfluss zur Verfügung stehen, lassen sich köstliche Obstsuppen zubereiten. Die Pflaumen können zum Beispiel auch durch Blaubeeren oder Brombeeren ersetzt werden.

❶ Pflaumen waschen und entsteinen. 1 l Wasser mit der Prise Salz in einem großen Topf erhitzen. Pflaumen darin weich dünsten.

❷ Speisestärke mit 1 Esslöffel kaltem Wasser verrühren, langsam in die Pflaumen einrühren und kurz aufkochen.

❸ Pflaumen mit Zimt und Zucker abschmecken und Jogurt unterrühren. Pflaumensuppe auf Schälchen verteilen und mit kleinen Makronen oder Löffelbiskuits servieren.

Für 4 Personen, pro Portion ca. 110 kcal

Norddeutscher Bratapfel

Bratäpfel gehören in vielen europäischen Ländern zur Advents- und Winterzeit. Bei diesem Rezept bekommt der Bratapfel sogar ein kleines Schneehäubchen aus Eischnee verpasst. Mit Vanillesauce oder geschlagener Sahne servieren.

550 g unbehandelte Äpfel
2 Esslöffel Butter
3 Esslöffel Kümmelschnaps
3 Esslöffel Zucker
1 Eiweiß
1 Prise Zimt
8 Esslöffel Apfelmus
2 Esslöffel gehackte Mandeln

1. Äpfel gründlich waschen und auf der Oberseite einen kleinen Deckel abschneiden. Unzerteilte Äpfel vorsichtig vom Kerngehäuse befreien. Öffnung noch etwas aushöhlen. Butter mit 2 Esslöffel Kümmelschnaps und 2 Esslöffel Zucker auf die 4 Apfelhöhlen verteilen.

2. Backofen auf 225 °C vorheizen.

3. Runde Aluförmchen mit der restlichen Butter bestreichen. Äpfel hineinstellen und auf dem Backblech im vorgeheizten Ofen ca. 25 Minuten braten.

4. Eiweiß mit dem restlichen Zucker und Zimt steif schlagen. Apfelmus mit dem restlichen Kümmelschnaps mischen. Äpfel aus dem Ofen nehmen. Mit Apfelmus füllen und mit dem Eischnee überziehen.

5. Äpfel auf die oberste Schiene im Backofen schieben und goldgelb überbacken.

Für 4 Personen, pro Portion ca. 250 kcal

Jogurtsuppe mit Himbeeren

Im Sommer schmeckt eine »süße Suppe« wie diese Jogurt-Himbeer-Kaltschale besonders erfrischend. Dabei kann man die Himbeeren auch durch Heidelbeeren oder Erdbeeren ersetzen. Allerdings sollte immer nur eine Beerensorte verwendet werden.

500 g Magerjogurt
250 g Crème fraîche
Saft von 1 Zitrone
3 Esslöffel Puderzucker
300 g Himbeeren
100 ml Sahne
einige Blätter Minze

❶ Jogurt und Crème fraîche mit Zitronensaft und Puderzucker gut verrühren. Etwa ein Drittel der Himbeeren dazugeben, die restlichen Früchte zum Garnieren beiseite stellen.

❷ Jogurtmasse mit den Beeren pürieren und ca. eine Stunde kühl stellen.

❸ Sahne steif schlagen, die Jogurtsuppe in gekühlte Schälchen geben und mit den Himbeeren belegen. Mit Schlagsahne verzieren und mit Minzeblättern garnieren.

Für 4 Personen, pro Portion ca. 440 kcal

Rhabarbersuppe

Der säuerlich-fruchtige Geschmack des Rhabarbers ergibt eine erfrischende Suppe, die warm oder kalt gegessen werden kann. Dazu reicht man Zwieback oder geröstetes Weißbrot, das sich gut eintunken lässt.

500 g Rhabarber
120 g Zucker
3 Esslöffel Himbeersirup
Saft und Schale von 1/2 unbehandelten Zitrone
2 Esslöffel Speisestärke
50 g Haselnüsse
Zwieback

❶ Rhabarber waschen, abziehen und in ca. 2 cm lange Stücke schneiden. 1 l Wasser in einer großen Kasserolle erhitzen, Rhabarber, Zucker, Himbeersirup, Zitronensaft und -schale zugeben.

❷ 15 Minuten dünsten, bis der Rhabarber weich ist. Speisestärke mit 2 Esslöffel kaltem Wasser anrühren, mit dem Schneebesen in die heiße Suppe einrühren und kurz aufkochen lassen, bis die Suppe eindickt.

❸ Auf flache Schalen verteilen, Haselnüsse grob hacken und darüber streuen, mit Zwieback servieren.

Für 4 Personen, pro Portion ca. 260 kcal

Obstsalat mit Zitrusdressing

Die Früchte für den Obstsalat lassen sich nach persönlichem Geschmack und nach Saison auswählen. Das Zitrusdressing gibt einen fein-säuerlichen Geschmack und lässt die Früchte zudem nicht so schnell braun werden.

1 Banane
1 Aprikose
1 Stück Honigmelone (ca. 200 g)
1 Clementine
1 Esslöffel Zitronensaft
1 Esslöffel Sanddornsaft
1 Esslöffel Crème fraîche

❶ Banane schälen und in Scheiben schneiden, Aprikose häuten, halbieren, entkernen und vierteln. Honigmelone schälen, entkernen und in schmale Stücke schneiden. Clementine schälen und Stücke abteilen. Obststückchen in zwei Schalen geben.

❷ Aus Zitronensaft, Sanddornsaft und Crème fraîche ein Dressing anrühren und über das Obst geben.

Für 2 Personen, pro Portion ca. 165 kcal

Pfirsich-Auflauf

Für den herrlich nach Pfirsich duftenden Auflauf muss man etwa 40 Minuten Zubereitungszeit rechnen, der Aufwand lohnt aber: Das warme Dessert ist ein wahrer Gaumenschmeichler.

2 Pfirsiche
1 Esslöffel Orangensaft
1 Ei
2 Esslöffel Puderzucker
125 g Magerquark
1 Prise Salz
1/2 Teelöffel Butter
1 Teelöffel gehackte Mandeln

❶ Pfirsiche kurz mit heißem Wasser überbrühen, Haut abziehen und Fruchtfleisch in Spalten vom Kern schneiden, mit Orangensaft beträufeln.

❷ Ei trennen, Eigelb mit 1 Esslöffel Puderzucker schaumig schlagen. Quark unterrühren. Eiweiß mit dem restlichen Puderzucker und einer Prise Salz steif schlagen, Eischnee unter die Quarkcreme heben.

❸ Backofen auf 200 °C vorheizen.

❹ Eine kleine feuerfeste Auflaufform mit Butter fetten und mit den Pfirsichstücken auslegen. Gehackte Mandeln darüber streuen, Quarkcreme darauf geben und im vorgeheizten Backofen ca. 15 Minuten backen. Heiß servieren.

Für 2 Personen, pro Portion ca. 255 kcal

Sesamcräcker

Ein pikantes Gebäck zum Knabbern für zwischendurch: Die kleinen knusprigen Sesamcräcker sind schnell gebacken und lassen sich gut einige Tage in einer Dose aufbewahren.

125 g Dinkelflocken
125 g feiner Weizenschrot
60 g Sesam
1 Teelöffel Meersalz
1 Teelöffel Olivenöl

1. Dinkelflocken und Weizenschrot in einer Rührschüssel mischen, mit ca. 400 ml Wasser zu einem dickflüssigen Teig verrühren. 1 Stunde quellen lassen.

2. Backofen auf 175 °C vorheizen.

3. Sesam und Salz unter den Teig mischen. Backblech mit Öl fetten, Teig dünn aufstreichen und im vorgeheizten Backofen ca. 15 Minuten backen.

4. Teig aus dem Ofen nehmen und mit einem scharfen Messer Muster in Form von Dreiecken oder Rauten in die Teigplatte drücken.

5. Cräcker wieder auf das Backblech legen und nochmals ca. 15–20 Minuten backen, bis sie knusprig sind. Cräcker aus dem Ofen nehmen, etwas abkühlen lassen und in Dreiecke oder Rauten brechen.

Ganzes Backblech ca. 1195 kcal

Zitronengelee mit Mango

Ein reizvoller Kontrast: Das erfrischend-säuerliche Zitronengelee und die fruchtig-süße Mango ergeben ein leichtes Dessert ganz ohne Fett.

Saft und Schale von 2 unbehandelten Zitronen

125 ml ungezuckerter Grapefruitsaft

2 Esslöffel Sanddornsaft

1 Teelöffel pflanzliche Gelatine (Agar Agar)

1 Mango

❶ Zitronensaft und -schale in einen kleinen Kochtopf geben, Grapefruit- und Sanddornsaft zugießen und langsam erhitzen.

❷ In der Zwischenzeit Gelatinepulver mit 3 Esslöffeln kaltem Wasser anrühren und 10 Minuten quellen lassen. Gelatine unter Rühren in die heiße (aber nicht kochende) Flüssigkeit geben und auflösen.

❸ Topf vom Herd nehmen und Flüssigkeit etwas abkühlen lassen. Zitronengelee in zwei Glasschalen gießen und ca. 3 Stunden kühl stellen.

❹ Kurz vor dem Servieren Mango schälen, Fruchtfleisch vom Kern schneiden und in mundgerechte Stücke teilen. Erkaltetes Zitronengelee mit Mangostücken garnieren.

Für 2 Personen, pro Portion ca. 80 kcal

Milchreis mit Mango

250 ml fettarme Milch (1,5 %)

1 Teelöffel Vanillezucker

2 Esslöffel Rundkornreis

1/2 Mango

1/2 Teelöffel Zimt

1 Esslöffel Cornflakes

Für die Zubereitung dieser Speise sollte man etwas Zeit haben, der Milchreis wird frisch gekocht. Dafür aber schmeckt er einfach himmlisch und eignet sich auch gut als Zwischenmahlzeit oder als Frühstück.

❶ Milch in eine kleine Kasserolle geben und langsam erhitzen. Vanillezucker und Reis zugeben, alles ca. 15–20 Minuten zugedeckt bei schwacher Hitze köcheln lassen. Bei Bedarf noch etwas Milch zugießen. Milchreis vom Herd nehmen und abkühlen lassen.

❷ Mango schälen und vierteln, Fruchtfleisch in Spalten schneiden. Milchreis in einen tiefen Teller geben, Mangospalten darauf anrichten und Zimt sowie Cornflakes darüber streuen.

Für 1 Person, pro Portion ca. 335 kcal

Erdbeeren in Heidelbeersauce

Ein »beeriges« Vergnügen: Frische Erdbeeren werden in einer köstlichen Heidelbeersauce serviert!

125 g Heidelbeeren
1 Esslöffel Sanddornsirup
2 Esslöffel Portwein
200 g Erdbeeren
etwas Puderzucker
frische Minzeblätter

❶ Heidelbeeren mit Sanddornsirup und Portwein in eine Kasserolle geben, unter Rühren erhitzen und ca. 5 Minuten bei schwacher Hitze köcheln lassen, bis die Heidelbeeren aufgeplatzt sind und eine dickflüssige Sauce entstanden ist.

❷ Erdbeeren waschen, Stielansätze entfernen und Früchte halbieren. Auf zwei Desserttellern anrichten und mit der noch warmen Heidelbeersauce begießen. Mit Puderzucker bestäuben und mit Minzeblättern garnieren.

Für 2 Personen, pro Portion ca. 115 kcal

Orangen-Jogurteis

Köstliches Eis lässt sich auch selbst zubereiten – und dabei kann man noch Kalorien sparen, denn anstatt reichhaltiger Sahne wird Jogurt verwendet, der dem Eis einen fein-säuerlichen Geschmack gibt.

Saft und Schale von 2 unbehandelten Orangen
3 Teelöffel Sanddornsaft
250 g fettarmer Jogurt (1,5 %)
2 Teelöffel Schokoladenraspel

❶ Orangensaft und -schale mit Sanddornsaft verrühren, Jogurt zugeben und mit dem Schneebesen gründlich unterrühren.

❷ Orangen-Jogurt-Mischung in ein gefrierfestes Gefäß füllen und ca. 3 Stunden im Gefrierfach fest werden lassen.

❸ Mit 2 Esslöffeln Nocken vom Jogurteis abstechen und auf zwei Tellern anrichten. Mit Schokoladenraspeln bestreuen.

Für 2 Personen, pro Portion ca. 95 kcal

Bananenomelett

Das Bananenomelett ist nicht nur ein köstlicher Abschluss eines leichten Menüs, sondern kann auch als süße Zwischenmahlzeit dienen. Frisch zubereitet schmeckt es am besten – natürlich lässt es sich auch mit anderen Obstsorten füllen.

2 Eier
50 g Puderzucker
1 Prise Salz
40 g Dinkelvollkornmehl
1 Msp. Weinsteinbackpulver
2 Teelöffel Vanillezucker
2 Bananen
2 Esslöffel Magerquark
1 Esslöffel fettarme Milch (1,5 %)

❶ Backofen auf 180 °C vorheizen.

❷ Eier trennen, Eigelb mit der Hälfte des Puderzuckers und 2 Esslöffeln warmem Wasser hellgelb schaumig schlagen. Eiweiß mit Salz steif schlagen und restlichen Puderzucker zufügen.

❸ Eischnee und Mehl sowie Backpulver zur Eigelbcreme geben und vorsichtig unterheben. Backblech mit Backpapier auslegen, 4 runde Teigkleckse darauf verteilen (genügend Abstand lassen) und glatt streichen. Omeletts im vorgeheizten Backofen ca. 10–15 Minuten hellbraun backen.

❹ Vanillezucker auf ein sauberes Küchentuch streuen, heiße Omeletts darauf stürzen, so dass das Backpapier auf der Oberseite ist. Papier mit Wasser bepinseln und abziehen. Warme Omeletts vorsichtig zusammenklappen.

❺ Bananen schälen und in Scheiben schneiden. Quark mit Milch glatt rühren und Bananenscheiben unterheben. Omeletts mit dem Bananenquark füllen und sofort servieren.

Für 2 Personen, pro Portion ca. 510 kcal

Holundersuppe mit kleinen Dampfnudeln

Aus den dunklen Beeren des stark duftenden Strauchs kann man Saft, Sirup und ausgebackene Küchlein machen. Hier wird mit den Dampfnudeln ein süßes Hauptgericht daraus.

Für die Suppe:
50 g Zucker
300 g Holunderbeeren
100 ml Rotwein
2 Teelöffel Speisestärke

Für die Dampfnudeln:
200 g Mehl
15 g Hefe
250 ml Milch
60 g Zucker
1 Eigelb
30 g Butter
1 Prise Salz
abgeriebene Schale von 1/2 unbehandelten Zitrone
2 Esslöffel Puderzucker

❶ Zucker in einem schweren Topf hell karamellisieren lassen, die gewaschenen Beeren zugeben und mit Wein aufgießen. 10 Minuten köcheln lassen. Beeren pürieren und durch ein Sieb passieren. In etwas Wasser glatt gerührte Speisestärke unterrühren, nochmals kurz aufkochen.

❷ Für die Dampfnudeln Mehl in eine Schüssel sieben, eine Mulde hineindrücken. Ein Drittel der Milch lauwarm erhitzen. Darin Hefe und 20 g Zucker auflösen und zugießen. Etwas Mehl vom Rand darüber stäuben und abgedeckt an einem warmen Ort 15 Minuten gehen lassen.

❸ Mit Eigelb, 20 g Zucker, Hälfte der Butter, Salz und Zitronenschale kräftig verkneten. Teig zu kleinen Kugeln formen und 30 Minuten gehen lassen.

❹ In einem breiten Topf Butter und Zucker in der restlichen Milch aufkochen. Teigkugeln mit etwas Abstand hineinsetzen und im geschlossenen Topf bei geringer Hitze 20 Minuten dünsten.

❺ Puderzucker über die fertigen Dampfnudeln streuen und im Ofen kurz unter dem Grill karamellisieren lassen.

❻ Suppe in Tellern anrichten und die Dampfnudeln hineinsetzen.

Für 4 Personen, pro Portion ca. 440 kcal

Grapefruitcreme

Die fein-herbe Creme aus Grapefruit wird mit Magerquark zubereitet; Gelatine festigt das Dessert, das einige Stunden kühl gestellt werden muss.

1 rosa Grapefruit
1 Teelöffel pflanzliche Gelatine
2 Eiweiß
3 Esslöffel Puderzucker
200 g Magerquark
1 Esslöffel Crème fraîche

❶ Grapefruit halbieren und Saft auspressen, Gelatinepulver mit 3 Esslöffeln Grapefruitsaft anrühren und 10 Minuten quellen lassen.

❷ Eiweiß mit Puderzucker steif schlagen. Quark mit Crème fraîche verrühren und restlichen Grapefruitsaft zugeben. Gelatine unter Rühren erwärmen, bis sie vollständig gelöst ist, leicht abkühlen lassen und unter die Quarkcreme rühren.

❸ Zum Schluss den Eischnee unterheben, Creme in zwei Dessertschalen füllen und ca. 3 Stunden kühl stellen.

Für 2 Personen, pro Portion ca. 235 kcal

Quarkbecher mit Mandeln

Geröstete Mandeln geben dem Quarkbecher einen fein-nussigen Geschmack. Damit es auch ein leichter Genuss bleibt, sollten unbedingt Magerquark und ungesüßte Früchte verarbeitet werden!

250 g Magerquark
2 Esslöffel fettarme Milch (1,5 %)
1 Esslöffel Ahornsirup
2 Nektarinen
1 Esslöffel Mandeln

❶ Magerquark mit Milch und Ahornsirup verrühren. Quark auf 2 Dessertbecher verteilen.

❷ Haut von den Nektarinen abziehen, Früchte halbieren, Kern entfernen und Fruchtfleisch in Spalten schneiden. Fruchtstücke auf dem Quark anrichten.

❸ Mandeln grob hacken, in einer Pfanne ohne Fett anrösten und über das Dessert streuen.

Für 2 Personen, pro Portion ca. 215 kcal

Melonen-Orangen-Salat

Melonen enthalten viel Wasser und wenig Fruchtzucker und sind somit im Sommer ideal geeignet als süße Erfrischung. Ohne viel Aufwand lässt sich aus der tollen Frucht ein leichter Salat zaubern.

1/4 Wassermelone
1 Orange
1 Teelöffel Orangenlikör
1/2 Teelöffel Zimt
1 Teelöffel Honig
1 Esslöffel Zitronensaft
1 Esslöffel Walnusskerne

❶ Wassermelone schälen, entkernen und Fruchtfleisch in Würfel schneiden. Orange schälen und in Spalten teilen. Orangenspalten nochmals halbieren. Obststücke in eine Schale geben.

❷ Orangenlikör, Zimt, Honig und Zitronensaft verrühren, unter das Obst mischen und an einem kühlen Ort ca. 30 Minuten ruhen lassen. Walnusskerne grob hacken und über den Melonensalat streuen.

Für 2 Personen, pro Portion ca. 180 kcal

Zabaione mit Brombeeren

2 frische Eigelb
2 Esslöffel Puderzucker
50 ml Marsalawein
1 Teelöffel Zitronensaft
150 g frische Brombeeren

Die Zabaione ist eine italienische Nachspeise, die aus Eiern und Wein zubereitet wird. Zusammen mit frischen Brombeeren ergibt die Eiercreme ein leichtes Dessert, das zudem im Nu gezaubert ist.

❶ Eigelbe und Puderzucker in ein Rührgefäß geben, mit dem Handrührgerät auf höchster Stufe ca. 5 Minuten schaumig schlagen, so dass eine dickflüssige Creme entsteht.

❷ Marsalawein und Zitronensaft unterrühren. Wasser in einem großen Topf erhitzen, bei schwacher Hitze warm halten. Die Rührschüssel ins Wasserbad stellen und die Creme im Wasserbad dickflüssig schlagen. Rührschüssel kurz in ein kaltes Wasserbad stellen, damit die Creme wieder etwas abkühlt.

❸ Brombeeren waschen und auf zwei Tellern anrichten, die Zabaione darüber gießen und sofort servieren.

Für 2 Personen, pro Portion ca. 200 kcal

Apfel-Pfirsich-Salat mit Schwips

Marzipan, Honig und Kräuterlikör geben diesem Obstsalat einen besonders ausgefallenen Geschmack. Beim Kräuterlikör sollte man darauf achten, dass es sich um ein hochwertiges Erzeugnis mit reinen Kräuterauszügen handelt, denn dann ist dieses süße Dessert auch noch richtig gesund.

550 g unbehandelte Äpfel
Saft von 1 Zitrone
3 Pfirsiche
50 g Marzipan-Rohmasse
1 Esslöffel Bienenhonig
6 Esslöffel Kräuterlikör
6 Esslöffel Sahne
100 g Walnusskerne

❶ Äpfel schälen, vierteln und vom Kerngehäuse befreien. Apfelviertel in Scheiben schneiden, in eine Schüssel legen und sofort mit Zitronensaft vermischen.

❷ Pfirsiche waschen und in Spalten schneiden. Zu den Äpfeln in die Schüssel geben und vorsichtig mischen.

❸ Marzipan-Rohmasse mit Honig, Likör und Sahne verkneten. Unter das Obst mischen und anrichten. Walnusskerne hacken und über den Salat streuen.

Für 4 Personen, pro Portion ca. 430 kcal

Aprikosenschnecken

Diese kleinen Schnecken sind ein feines Mini-Gebäck. Diese Köstlichkeit mit getrockneten Aprikosen und Pinienkernen ist ein wunderbares süßes Häppchen auf dem Party-Buffett oder für sonstige Einladungen. Statt der teuren Pinienkerne kann man natürlich auch andere Nüsse verwenden.

50 g getrocknete Aprikosen
3 Esslöffel Calvados
100 g Pinienkerne
200 g Mehl
50 Speisestärke
1 Ei
50 g Zucker
100 g weiche Butter oder Margarine
2 Esslöffel Apfelkraut
2 Esslöffel Aprikosenmarmelade

❶ Backofen auf 180 °C vorheizen.

❷ Aprikosen in kleine Würfel schneiden, in eine Schüssel geben, mit Calvados beträufeln und ca. 30 Minuten ziehen lassen. Pinienkerne auf einem Backblech verteilen, in den Backofen schieben und goldbraun rösten.

❸ Pinienkerne aus dem Backofen nehmen und auskühlen lassen. Die Hälfte der Pinienkerne fein mahlen, die andere Hälfte hacken.

❹ Mehl und Speisestärke mischen und in eine Schüssel sieben. Ei, Zucker, weiche Butter oder Margarine, Aprikosenwürfel und gemahlene Pinienkerne zugeben. Zutaten vermischen und mit einem Handrührgerät zu einem glatten Teig verkneten. Teig im Kühlschrank kurz kalt stellen.

❺ Teig auf einer bemehlten Arbeitsfläche zu einem Rechteck (ca. 30 x 35 cm) ausrollen. Apfelkraut daraufstreichen und mit gehackten Pinienkernen bestreuen. Teigplatte vorsichtig einrollen. Nochmals im Kühlschrank kurz kalt stellen.

❻ Backofen auf 200 °C vorheizen.

❼ Teigrolle aus dem Kühlschrank nehmen und in 1 cm dicke Scheiben schneiden. Aprikosenschnecken auf ein mit Backpapier ausgelegtes Backblech geben und im vorgeheizten Backofen ca. 25–30 Minuten backen.

❽ Aprikosenschnecken aus dem Backofen nehmen und auskühlen lassen. Aprikosenmarmelade in einem Topf mit 2 Esslöffel Wasser erhitzen und die Schnecken damit bestreichen.

Ergibt 12 Stück, pro Stück ca. 240 kcal

Getränke

Exotischer Fruchtdrink

Der Obstdrink mit Papaya und Mango schmeckt so richtig nach Sommer und Sonne und enthält kein Gramm Fett. Man kann ihn – wie alle anderen Säfte – nach Belieben mit Mineralwasser verdünnen.

1/2 Papaya
1/2 Mango
1 Orange
eine Prise Zimt
Mineralwasser

1. Papaya und Mango schälen, Kerne entfernen und Fruchtfleisch in kleine Stücke schneiden.

2. Orange halbieren und Saft auspressen. Orangensaft mit den Mango- und Papayastücken in den Mixer geben und das Ganze pürieren.

3. Fruchtdrink mit einer Prise Zimt abschmecken, nach Belieben mit Mineralwasser aufgießen und in ein großes Glas füllen.

Für 1 Glas, pro Glas ca. 143 kcal

Grapefruit-Kokos-Saft

Zitrusfrüchte enthalten viel Vitamin C, das den Körper vor Erkältungskrankheiten schützt. Grapefruits, aus denen sich im Nu erfrischende Säfte zubereiten lassen, erhält man fast das ganze Jahr über.

1 Grapefruit
Saft von 1/2 Limette
1 Teelöffel Honig
2 Esslöffel Kokosmilch
1 Teelöffel Kokosraspel

Grapefruit halbieren und Saft auspressen. Grapefruitsaft mit dem Saft einer halben Limette, Honig und Kokosmilch verquirlen und mit Kokosraspeln bestreuen.

Für 1 Glas, pro Glas ca. 115 kcal

Mango-Buttermilch

1 reife Mango
1/2 Banane
300 ml Buttermilch
1 Teelöffel Sanddornsaft
1 Msp. gemahlener Ingwer

Süß und fruchtig ist dieser Drink, der nur einen geringen Anteil an Fett aufweist. Und man kann das köstliche Getränk jederzeit genießen, denn Mangos sind auch hierzulande fast das ganze Jahr über erhältlich.

❶ Mango und Banane schälen. Mangofruchtfleisch vom Stein schneiden, dabei 2 Spalten zum Garnieren beiseite legen und Fruchtfleisch im Mixer pürieren.

❷ Fruchtmasse mit Buttermilch aufgießen und gut verquirlen. Buttermilchmix mit Sanddornsaft und gemahlenem Ingwer würzen und in ein großes Glas füllen. Mit den Mangospalten garnieren.

Für 1 Glas, pro Glas ca. 310 kcal

Johannisbeer-Sanddorn-Kefir

100 ml Johannisbeersaft
1 Esslöffel Sanddornsaft
1 Esslöffel Hagebuttenmark
200 ml Kefir
1 Prise Zimt

Johannisbeersaft und Kefir: eine ideale Mischung, um die Abwehrkräfte im Winter zu stärken und das Kalorienkonto möglichst wenig zu belasten.

Johannisbeersaft mit Sanddornsaft und Hagebuttenmark verquirlen, mit Kefir auffüllen und mit einer Prise Zimt abschmecken.

Für 1 Glas, pro Glas ca. 205 kcal

Winterpunsch

Ein dampfend heißer Punsch kommt auch ohne Dickmacher wie Alkohol oder Zucker aus. Für das Heißgetränk wird ein Sud mit duftenden Gewürzen zubereitet, der mit Orangensaft aufgegossen wird.

1 Zimtstange
3 Gewürznelken
1 Msp. gemahlener Kardamom
1 Beutel Malventee
Saft von 1 Orange
Saft von 1 Zitrone
1 Teelöffel Honig

❶ In einem kleinen Topf ca. 300 ml Wasser erhitzen. Zimtstange, Nelken und Kardamom hineingeben und alles kurz aufkochen lassen. Den Teebeutel in den Topf hängen und zugedeckt bei schwacher Hitze ca. 10 Minuten ziehen lassen.

❷ Teebeutel, Zimtstange und Nelken aus dem Sud nehmen, Orangen- und Zitronensaft zugeben, Punsch erhitzen, jedoch nicht kochen. Nach Belieben mit Honig süßen und heiß servieren.

Für 1 Glas, pro Glas ca. 80 kcal

Möhren-Orangen-Drink

1 Orange
150 ml Möhrensaft
eine Prise Zimt
1 Teelöffel Honig
1/2 Teelöffel Sahne

Gemüse- und Obst-Drinks sind die wahren Fitmacher – sie enthalten kaum Fett, dafür viel wichtige Vitamine und Mineralstoffe – und davon kann man nie genug bekommen. Und für die, die es ganz eilig haben: Sie lassen sich auch aus fertigen Säften (ohne Zuckerzusatz!) mischen, die man im Naturkostladen bekommt.

❶ Orange schälen, halbieren, eine Scheibe abschneiden und beiseite legen, restliche Orange auspressen.

❷ Orangensaft mit Möhrensaft, einer Prise Zimt, Honig und Sahne verquirlen. In ein großes Glas füllen und mit der Orangenscheibe garnieren.

Für 1 Glas, pro Glas ca. 160 kcal

Birnen-Bananen-Shake

1 Banane
1 Birne
250 ml fettarme Milch (1,5 %)
1 Teelöffel Schokoraspel

Dieses Milchmixgetränk ersetzt fast eine kleine Mahlzeit, denn Banane und Milch enthalten viele wichtige Nährstoffe und liefern schnell neue Energie.

Banane und Birne schälen, Birne vom Kerngehäuse befreien. Fruchtfleisch von Birne und Banane in Stücke teilen und mit der Milch im Standmixer pürieren. Milchshake in ein großes Glas gießen und mit Schokoraspeln bestreuen.

Für 1 Glas, pro Glas ca. 300 kcal

Pfirsich-Kiwi-Milch

Die Früchte für diesen Milchmix sollten richtig reif sein, dann lassen sie sich besser pürieren. Anstatt Pfirsich kann man auch eine Aprikose oder Nektarine verwenden.

1 Pfirsich
1 Kiwi
1 Msp. Vanillezucker
125 ml fettarme Dickmilch
evtl. etwas Magermilch
1 Teelöffel gehackte Haselnusskerne

❶ Pfirsich und Kiwi schälen, Pfirsichkern entfernen und Früchte achteln, in ein hohes Gefäß geben. Eine Messerspitze Vanillezucker und einen Esslöffel Dickmilch zugeben und alles mit dem Mixstab pürieren.

❷ Fruchtmus mit der restlichen Dickmilch aufgießen und gut verquirlen. Sollte das Getränk zu dickflüssig sein, noch etwas Magermilch unterrühren. Milchshake in ein Longdrink-Glas geben und mit gehackten Haselnusskernen bestreuen.

Für 1 Glas, pro Glas ca. 265 kcal

Zitrusfrucht-Cocktail

Ein feinherber erfrischender Drink für den Sommer, der kein Gramm Fett enthält: Grapefruit und Orange werden frisch gepresst und mit Ananassaft aufgefüllt.

Saft von 1 Grapefruit
Saft von 1 Orange
200 ml ungezuckerter Ananassaft
1 Prise gemahlener Ingwer
Eiswürfel
1/2 Karambole (Sternfrucht)

❶ Frisch gepressten Grapefruit- und Orangensaft verrühren und mit Ananassaft auffüllen. Zitrusdrink mit gemahlenem Ingwer abschmecken und in ein Glas mit Eiswürfeln gießen.

❷ Karambole in Scheiben schneiden, jeweils an einer Seite einschneiden und zur Dekoration an den Glasrand stecken.

Für 1 Glas, pro Glas ca. 180 kcal

Apfel-Heidelbeer-Drink

Heidelbeeren zählten zu den wichtigsten Nahrungsmitteln der Indianer Nordamerikas. Sie wurden als Schutz gegen böse Geister verzehrt. Man kann sie für den Drink im Sommer am Waldrand frisch pflücken. Im Winter verwendet man tiefgefrorene Beeren.

500 g unbehandelte Äpfel
2 Esslöffel Heidelbeeren
1 unbehandelte Zitrone
Saft von 1/2 Zitrone

❶ Äpfel gründlich waschen und vierteln. Heidelbeeren ebenfalls gut waschen und verlesen.

❷ Apfelstücke und Heidelbeeren entsaften und in Gläser füllen.

❸ Zitrone gründlich waschen und achteln. An jedes Glas ein Zitronenachtel stecken. Apfel-Heidelbeer-Drink mit Zitronensaft abschmecken.

Für 1 Liter, pro Glas ca. 10 kcal

Nektarinen-Shake mit Weizenkeimen

Dieser Milchshake wird mit Buttermilch angerührt und mit Weizenkeimen angereichert – und damit schmeckt er nicht nur säuerlich-erfrischend, sondern ist ernährungsphysiologisch gesehen auch besonders wertvoll.

2 Nektarinen
300 ml Buttermilch
1 Teelöffel Sanddornsaft
1 Esslöffel Weizenkeime

❶ Nektarinen häuten, halbieren, Kern entfernen und Fruchtfleisch im Mixer pürieren.

❷ Buttermilch zugeben und alles gut verquirlen. Nektarinenshake mit Sanddornsaft süßen, in ein großes Glas gießen und Weizenkeime darüber streuen.

Für 1 Glas, pro Glas ca. 245 kcal

Zimt-Honig-Kakao

200 ml fettarme Milch (1,5 %)
1 Teelöffel Kakaopulver
1 Prise Zimt
1 Prise gemahlener Kardamom
1 Teelöffel Honig
1 Teelöffel Schokostreusel

Es muss nicht immer Kaffee oder Tee sein: Der Zimt-Kakao ist eine willkommene Abwechslung für die kleine Pause zwischendurch – und mit Magermilch zubereitet belastet er das Kalorienbudget nicht allzu sehr.

❶ Milch erhitzen, Kakaopulver unter ständigem Rühren darin auflösen. Kakao kurz aufkochen lassen.

❷ Kakao mit je einer Prise Zimt und Kardamom würzen und nach Belieben mit Honig süßen. Heißes Getränk in einen Becher gießen und mit Schokostreuseln garnieren.

Für 1 Glas, pro Glas ca. 155 kcal

Nussmilch

1 Esslöffel Haselnusskerne
100 g fettarmer Jogurt (1,5 %)
200 ml fettarme Milch
1 Teelöffel Honig
1/2 Teelöffel Vanillezucker

Nüsse sind relativ fetthaltig, deshalb sollte man sie eher sparsam verwenden. Ihr feiner Geschmack kommt aber auch schon in kleinen Mengen zur Geltung, wenn man die Nüsse frisch mahlt.

❶ Haselnüsse fein mahlen. Mit dem Jogurt und der Milch in einen hohen Becher geben und mit einem kleinen Schneebesen gut verquirlen.

❷ Milchmix nach Belieben mit Honig und Vanillezucker süßen.

Für 1 Glas, pro Glas ca. 245 kcal

Gurken-Paprika-Mix

200 g Salatgurke
1 rote Paprikaschote
1/2 Knoblauchzehe
100 g fettarmer Jogurt (1,5 %)
Mineralwasser
Meersalz
frisch gemahlener bunter Pfeffer
1 Teelöffel gehackter Dill

Mal etwas anderes als Limonade: Ein Gemüsetrunk wie dieser erfrischt und dient als pikanter Durstlöscher in der heißen Jahreszeit.

❶ Salatgurke schälen, Kerne entfernen und Gurke in Würfel schneiden. Paprika waschen, putzen und ebenfalls würfeln. Gemüse im Mixer pürieren und durch ein feines Sieb streichen.

❷ Knoblauchzehe schälen und durch die Knoblauchpresse drücken, zum pürierten Gemüse geben. Jogurt und nach Belieben Mineralwasser mit dem Schneebesen unterrühren und Gemüsedrink mit etwas Meersalz, frisch gemahlenem Pfeffer und fein gehacktem Dill würzen.

Für 1 Glas, pro Glas ca. 115 kcal

Rote-Bete-Möhren-Mix

200 ml Rote-Bete-Saft
200 ml Möhrensaft
1 Teelöffel Sauerrahm
frisch gemahlener bunter Pfeffer
ein kleines Stück Meerrettich
einige Petersilienzweige

Ein pikantes Mixgetränk, das viel Vitamin A und C enthält und ganz raffiniert mit etwas geriebenem Meerrettich gewürzt wird. Die Säfte bekommt man im Reformhaus – sie sollten ungezuckert sein.

❶ Rote-Bete-Saft und Möhrensaft mit Sauerrahm gut verrühren, mit frisch gemahlenem Pfeffer würzen.

❷ Etwas Meerrettich schälen, fein reiben und zur Saftmischung geben. Petersilie waschen, Blättchen fein hacken und den pikanten Drink damit bestreuen.

Für 1 Glas, pro Glas ca. 120 kcal

Wassermelonen-Drink

Ein erfrischender Drink für heiße Sommertage: Der Melonen-Shake hat kaum Kalorien und lässt sich entweder mit Mineralwasser oder, für besondere Gelegenheiten, mit Prosecco auffüllen.

1 Stück Wassermelone (ca. 200 g)
gemahlener Ingwer
1/2 Teelöffel Vanillezucker
1 Teelöffel Zitronensaft
125 ml Mineralwasser oder Prosecco
einige Minzeblätter

1. Wassermelone schälen und entkernen, in Stücke schneiden und in ein hohes Püriergefäß geben. Melone mit dem Mixstab pürieren. Eine Prise gemahlenen Ingwer, etwas Vanillezucker und Zitronensaft zugeben.

2. Pürierte Melone mit Mineralwasser oder Prosecco auffüllen, in ein großes Glas gießen und mit Minzeblättern garnieren.

Für 1 Glas, pro Glas ca. 85 kcal

Grüner-Tee-Trunk

Grüner Tee ist ein idealer Durstlöscher und belastet den Organismus nicht wie etwa schwarzer Tee oder Kaffee – in Asien werden dem nicht fermentierten Tee sogar gesundheitsfördernde Kräfte zugesprochen.

1 Beutel Grüntee
1 Beutel Pfefferminztee
1 Teelöffel Limettensaft
1 Msp. gemahlener Ingwer
evtl. 1 Teelöffel Honig

1. Ca. 250 ml Wasser zum Kochen bringen, vom Herd nehmen und leicht abkühlen lassen. Die beiden Teebeutel in eine vorgewärmte Kanne geben und mit dem heißen Wasser übergießen, ca. 3 Minuten ziehen lassen.

2. Die Teemischung mit Limettensaft und gemahlenem Ingwer abschmecken und nach Belieben mit Honig süßen.

Für 1 Glas, pro Glas ca. 1 kcal

Eisgekühlter Limetten-Tomaten-Tee

8 Eiswürfel
400 ml kalter grüner Tee
200 ml Gemüsesaft
200 ml Tomatensaft
Salz
Pfeffer
Tabasco
2 Esslöffel Limettensaft

Ein cooler Drink, nicht nur für heiße Tage: Kalter grüner Tee gemischt mit Gemüse- und Tomatensaft, gewürzt mit Limettensaft und Tabasco – ein unvergleichlicher Geschmack.

❶ Eiswürfel in ein Geschirrtuch wickeln und mit einem Hammer zerstoßen. Gestoßenes Eis auf vier hohe Trinkgläser verteilen.

❷ Grünen Tee mit Gemüse- und Tomatensaft vermischen, mit Salz, Pfeffer, Tabasco und Limettensaft abschmecken. Gläser mit Limetten-Tomaten-Tee auffüllen und Getränk sofort servieren.

Für 4 Gläser, pro Glas ca. 20 kcal

Avocado-Kefir-Drink

1/2 weiche Avocado
1 Teelöffel Zitronensaft
150 ml Kefir
frisch gemahlener weißer Pfeffer
1 Teelöffel Schnittlauch

Ein cremig-milder Drink mit gesunden Zutaten: Avocado enthält wertvolle ungesättigte Fettsäuren, und der leicht prickelnde Kefir bringt dank der Milchsäurebakterien den Stoffwechsel so richtig in Schwung.

❶ Fruchtfleisch der weichen Avocado mit einem Löffel herauslösen, mit Zitronensaft beträufeln und im Mixer pürieren.

❷ Mit Kefir aufgießen und gut verquirlen. Kefirdrink mit frisch gemahlenem Pfeffer nach Belieben würzen, in ein Glas füllen und mit Schnittlauch bestreuen.

Für 1 Glas, pro Glas ca. 295 kcal

Paprika-Sellerie-Mix

Mit einem Entsafter kann man ganz leicht Gemüsesäfte selbst herstellen, schneller geht es mit fertigen Säften aus dem Naturkostladen. Dieser Drink wird mit Eiswürfeln aus Molke gekühlt, die man einfach im Eisfach einfriert.

100 ml Molke
200 ml Selleriesaft
100 ml Paprikasaft
1 Msp. Chilipulver
geriebene Muskatnuss
1/2 Bund Schnittlauch

❶ Molke in einen Eiswürfelbereiter geben und im Eisfach einfrieren.

❷ Selleriesaft und Paprikasaft verrühren und mit Chilipulver und etwas geriebener Muskatnuss abschmecken.

❸ Schnittlauch waschen, trockentupfen und in feine Röllchen schneiden. Molke-Eiswürfel aus dem Eisfach nehmen, in ein großes Glas geben, mit Saft auffüllen und den Drink mit Schnittlauchröllchen bestreuen.

Für 1 Glas, pro Glas ca. 110 kcal

Feuriger Tomatentrunk

Scharfe Gewürze wie Chilipulver besitzen eine anregende Wirkung – eine Prise davon macht den Tomatensaft zu einem aufmunternden Getränk für zwischendurch.

200 g Tomaten
1 Teelöffel Schnittlauch
1 Esslöffel fettarme Dickmilch
1 Prise Chilipulver
etwas Zitronensaft
Mineralwasser

❶ Tomaten waschen, vom Stielansatz befreien, zerkleinern und pürieren, durch ein feines Sieb streichen.

❷ Schnittlauchröllchen und Dickmilch unterrühren und den Tomatentrunk mit Chilipulver und Zitronensaft abschmecken, nach Belieben mit Mineralwasser aufgießen.

Für 1 Glas, pro Glas ca. 55 kcal

Kräuter & Gewürze

Agar Agar
Das Bindemittel aus getrockneten Algen mit asiatischer Herkunft wird als pflanzliches Geliermittel verwendet, wie z. B. bei der Herstellung von Puddingpulver, Tortenguss oder Schmelzkäse. Agar Agar löst sich nur in heißer Flüssigkeit und hat eine besonders starke Bindefähigkeit. Empfehlenswert ist daher, die Gebrauchsanleitung genau zu beachten. Gerade für die vegetarische Ernährung bietet Agar Agar eine geeignete Alternative zur herkömmlichen Gelatine, die aus Rinderknochen hergestellt wird. Agar Agar wird häufig mit anderen Bindemitteln wie z. B. Johannisbrotkernmehl kombiniert, da Agar Agar praktisch unverdaulich ist und somit eine erhöhte Wirkung erzielt werden kann.

Anis
Mit Anis verbindet man immer den herrlichen Duft der Weihnachtsbäckerei. Es gibt die getrockneten Spaltfrüchte ganz, gequetscht oder gemahlen. Auch in der herzhaften Küche wird Anis verwendet.

Basilikum
Der Spitzenreiter unter den frisch verwendeten Küchenkräutern sind die aromatischen Blätter dieses einjährigen Würzkrautes. Sie verfeinern Salate ebenso wie mediterrane Gerichte jeder Art und dürfen bei allen Speisen rund um die Tomate nicht fehlen.

Beifuß
Verwendet werden die kurz vor dem Aufblühen geschnittenen Zweigspitzen, die sich auch gut trocknen lassen. Zum Würzen für fette und Kohlgerichte, da es die Verdauung fördert.

Bohnenkraut
Wie der Name sagt, würzt man mit dem pfeffrigen Kraut natürlich alle Bohnengerichte, aber auch andere deftige Eintöpfe. Die Stängel werden mitgekocht, die jungen Triebe frisch gehackt und kurz vor Ende der Garzeit untergemischt.

Borretsch
Kraut mit rau behaarten Blättern und wunderschönen bläulichen Blüten. Hat einen leicht bitteren würzigen Geschmack und eignet sich zum Verfeinern von Blattsalaten, Suppen und Kohlgerichten.

Brunnenkresse
Wächst wild an feuchten Stellen (Teichen, Gräben, Bächen), wird aber auch angebaut. Hat einen rassigen, würzigen und pikanten Geschmack. Schmeckt pur als Rohkostsalat, aber auch in Cremesuppen, Risottos oder Kartoffelsalat.

Chilis
Die kleinen Schoten verleihen frisch, getrocknet, pulverisiert oder auch eingelegt allen Speisen eine aromatische Schärfe. Bei der Verwendung frischer Schoten ist es sinnvoll, die Kerne zu entfernen. Vor allem in Mexiko sowie im Südwesten Amerikas sind sie ein überaus geschätztes Würzmittel.

Curry
Bis zu 30 verschiedene Gewürze können in Currymischungen enthalten sein, unter anderem Kurkuma, Pfeffer, Kümmel, Nelken, Ingwer, Piment, Kreuzkümmel. Eine vielseitig verwendbare Würze für Reisgerichte.

Dill
Das einjährige süßlich-würzige Kraut verwendet man frisch zum Verfeinern von Quarkspeisen, Saucen und Gemüsegerichten – besonders beliebt ist es zu Gurken.

Estragon
Wildwachsend kommt Estragon oft im Süden Europas vor. Er hat einen feinwürzigen Geschmack. Man verwendet ihn solo, z. B. für Estragonessig oder -senf, sowie für eine Bearnaise oder diverse Gemüsegerichte. Er eignet sich aber auch vorzüglich zum Kombinieren mit anderen Gewürzen wie Kerbel, Schnittlauch und Petersilie. Vorsichtig dosieren, da das Kraut recht intensiv schmeckt.

Fenchelsamen
Mit Fenchel gewürzte Speisen bekommen eine exotisch-fernöstliche Note. Außerdem sind die würzigen Samen ein beliebtes Brotgewürz. Tee aus Fenchelsamen wirkt beruhigend.

Fines herbes
Klassische französische Kräutermischung aus Petersilie, Kerbel, Schnittlauch, Thymian, Rosmarin und je nach Hersteller weiteren unterschiedlichen Kräutern. Gibt es frisch, getrocknet und auch tiefgekühlt.

Galgantwurzel
Enger Verwandter der Ingwerfamilie, daher auch ein wichtiges Gewürz der südostasiatischen Küche. Die Wurzeln werden frisch, getrocknet sowie gemahlen und eingelegt angeboten.

Garam masala
Die Mischung von acht bis 13 Gewürzen heißt übersetzt »heiße Gewürze«. Sie ist ein ein fester Bestandteil indischer Gerichte und wird in ihrer Heimat von Familie zu Familie speziell zusammengemixt. Bei uns ist Garam masala im Asien-Shop erhältlich.

Gartenkresse
Die kleine Verwandte der Brunnenkresse ist etwas weniger aromatisch. Im Handel sind kleine Pflänzchen in Pappbehältern oder Samen zum Selberziehen erhältlich. Gartenkresse wird gerne zum Garnieren von Eierspeisen oder Salaten verwendet.

Ingwer
Die saftigen Wurzeln des Ingwers haben ein fruchtig scharfes Aroma. Ingwer verträgt sich sowohl mit würzigen als auch mit süßen Speisen,

die immer eine interessante exotische Note bekommen. Ingwer lässt sich zur besseren Vorratshaltung auch wunderbar einfrieren. Je nach benötigter Menge einfach immer nur ein Stück abbrechen.

Kapuzinerblüten
Die Blüten der Kapuzinerkresse sind nicht nur Dekoration, ihr würzig-herber Geschmack verleiht jedem Salat eine pfiffige Note.

Kardamom
Ist nach Safran eines der teuersten Gewürze der Welt. Die getrockneten Schoten oder Samen werden bei uns meist nur gemahlen angeboten. Eine Messerspitze reicht aus, um Reisgerichten, Kuchen oder Lebkuchen einen besonderen Touch zu verleihen.

Kerbel
Der feine leichte Geschmack verfeinert jedes Frühjahrs- und Sommergericht. Verwendet wird er bei Salaten, Suppen und Eierspeisen und ist zudem sehr dekorativ.

Knoblauch
Für Genießer und Freunde der mediterranen Küche ist Kochen ohne Knoblauch unvorstellbar. Frisch gehackt verfeinert er Salate, kalte Saucen und Brotaufstriche. Die mitgegarten Knoblauchzehen runden jedes Gemüsegericht optimal ab.

Koriander
Während man die getrockneten Korianderkörner bei uns schon lange Zeit verwendet, hat frischer Koriander erst in den letzten Jahren unsere Märkte erobert. Fein geschnitten verleiht das würzig süßliche Küchenkraut den Speisen ein ganz individuelles exotisches Aroma. Vorsichtig dosieren – vor allem wenn man noch nicht an den Geschmack gewöhnt ist.

Kreuzkümmel
Dieses klassische Gewürz der asiatischen Küche ist im Unterschied zu herkömmlichem Kümmel (auch »gemeiner« Kümmel genannt) wesentlich intensiver im Geschmack. Man benötigt es für die Zubereitung von Currypasten.

Kümmel
Wird auch häufig »gemeiner Kümmel« genannt und ist »das« Würzmittel für fette und deftige Gerichte wie z. B. Kohlgerichte und Eintöpfe – nicht nur des feinen Geschmacks wegen, sondern auch, weil es die Verdauung fördert. Auch bei der Zubereitung von Bauern- und Gewürzbroten ist Kümmel – im Ganzen oder gemahlen – unerlässlich. So manche »Verdauungsschnäpse« basieren ebenfalls auf den Inhaltsstoffen des Kümmels.

Kurkuma
Auch Gelbwurz genannt, findet gerade in der asiatischen Küche viel Verwendung. Kurkuma ist fester Bestandteil bei der Zubereitung von Currypulver, thailändischen Currys und indischen Reisgerichten. Beeindruckend ist vor allem die kräftige, leuchtend-gelbe Farbe. Nicht zu verwechseln mit Safran, denn geschmacklich unterscheiden sie sich sehr.

Lavendel
Im Geschmack ist Lavendel bitter und würzig. Die Blätter passen zu Salaten und Sorbets. Auch Süßspeisen, wie z. B. eine Lavendelcreme mit Pfirsichen, schmecken besonders raffiniert. Die Blüten sind außerdem sehr dekorativ.

Liebstöckel
Auch »Maggikraut« genannt, verwendet man zum Verfeinern von Suppen, Salaten und Saucen.

Liebstöckel hat einen sellerieartigen Geschmack. Beim Kochen von Brühen kann man Blätter und Stängel verwenden. Abgezupfte, kleingehackte Blätter geben aber auch Semmelklößen oder Farcen ein raffiniertes Aroma.

Lorbeer
Die ledrigen Blätter des Lorbeerstrauches haben einen würzig-bitteren Geschmack, der durch Trocknen verstärkt wird. Mit den Blättern würzt man Saucen, Eintöpfe und sauer Eingelegtes.

Majoran
Das beliebte Küchenkraut mit dem unvergleichlichem Aroma kann man sowohl frisch als auch getrocknet verwenden. Wie fast alle Küchenkräuter schmeckt es frisch gehackt am besten. Majoran verfeinert Kartoffelsuppen, Bratkartoffeln usw. Vorsichtig dosieren, denn vor allem getrockneter Majoran schmeckt sehr intensiv.

Muskat
Die geschälte Muskatnuss verfeinert unter anderem Suppen, Eintöpfe, Wirsinggemüse, Kartoffelpüree. Auch in der Weihnachtsbäckerei wird die geschmacksintensive Nuss gerne verwendet. Sie schmeckt am besten frisch gerieben.

Nelken
Die Blütenknospen der Nelkenbäume haben ein intensiv-würziges Aroma mit holzig-bitterem Geschmack. Deshalb zurückhaltend dosieren. Mit Nelken würzt man Beizen, Rotkohl sowie natürlich Glühwein und weihnachtliches Gebäck.

Oregano
Auch »wilder Majoran« genannt, ist ein fester Bestandteil der italienischen Küche. Für Pizza, Pasta mit Tomatensauce und viele Auberginengerichte ist Oregano ein »Muss«. Für Pizza nimmt man besser getrockneten Oregano, da frische Blätter bei der starken Hitze im Pizzaofen braun werden und an Geschmack verlieren.

Petersilie
Das beliebteste aller Kräuter gibt es bei uns glatt- und krausblättrig, aber auch die Wurzel ist eine feinaromatische Würze für Suppen und Saucen. Petersilie liefert nicht nur frischen und guten Geschmack, sie ist auch reich an Vitaminen und Mineralstoffen. Gerade im Winter sollte man die Verwendung von Kräutern nicht vergessen.

Pfeffer
Schwarzer und weißer Pfeffer unterscheiden sich nicht nur optisch, sondern auch geschmacklich. Für schwarzen Pfeffer werden die Früchte unreif geerntet und getrocknet. Weißer Pfeffer wird aus

den reifen Früchten gewonnen, die vor dem Trocknen noch geschält werden. Er ist milder, etwas feiner im Geschmack und nicht so scharf.

Pfefferminze
Nicht nur als Pfefferminztee, auch in Süßspeisen kommt die Minze voll zur Geltung. Raffiniert schmecken Minzeparfait oder -eis, -cremes sowie Drinks. Minzeblätter sind aber auch eine tolle Deko, und in der fernöstlichen Küche verfeinert das frische, würzige Kraut Suppen und Salate.

Piment
Das vielschichtige Aroma des »Nelkenpfeffers« entfaltet sich am besten, wenn man die Körner im Mörser frisch zerreibt. Mit Piment würzt man Suppen, Saucen und Lebkuchen.

Pimpinelle
Zum Würzen mit Pimpinelle verwendet man die Blätter vor der Blüte. Pimpinelle nur frisch verwenden, getrocknet hat sie kein Aroma mehr. Gut zum Würzen für Suppen, Saucen, Gemüse und Blattsalate.

Portulak
Die grünen, fleischigen Blätter können einerseits roh unter den Salat gemischt oder wie im Fernen Osten als Gemüse zubereitet werden. Die Blätter schmecken erfrischend und leicht salzig.

Rosmarin
Vor allem in Italien und Frankreich wird gerne mit Rosmarin gekocht. Ob in Suppen, Kartoffel- oder Gemüsegerichten – Rosmarin darf nicht fehlen. In der Kräutermischung »Herbes de Provence« ist Rosmarin ein fester Bestandteil.

Safran
Dieses leuchtende Gewürz ist das »Gold« der guten Küche. Der Preis ist zwar enorm hoch, aber man benötigt dafür nur winzige Mengen. Einige Fäden oder etwas gemahlener Safran reichen aus, um besonders Reisgerichten einen eigenen und ganz individuellen Geschmack zu verleihen.

Salbei
Nicht nur getrocknet als Tee bei Halsbeschwerden hilfreich. Der strenge, leicht bittere Geschmack der Salbeiblätter harmoniert sehr gut mit Pastagerichten und eignet sich zum Würzen von Suppen, Saucen und Eierspeisen. Die frischen Blätter schmecken auch in Weinteig getaucht und ausgebacken.

Senfkörner
Vor allem beim Einlegen von Gemüse wie Gurken, Zucchini, Kürbis, Mixed Pickles oder Silberzwiebeln dürfen Senfkörner niemals fehlen.

Schnittlauch
Ein Klassiker der deutschen Küche, der ganzjährig angeboten wird. Frisch in hauchdünne Röllchen geschnitten ist Schnittlauch äußert vielseitig verwendbar, wie z. B. für Kräuterquark, Butterbrot mit Schnittlauch, Rührei oder zu frischem Spargel. Die schönen Blüten des Schnittlauchs sind nicht nur sehr dekorativ, sondern auch sehr geschmackvoll. Gerade im Sommer sind sie nicht nur optisch eine Bereicherung für Salate.

Sternanis
Diese kleinen, sternförmigen aus China stammenden Samen kann man zum Backen, aber auch zum Kochen verwenden. Sie sind eine köstliche Würze für Liköre. In der »süßen« Küche verfeinert man damit Apfel- oder Quittenkompott, aber auch eine Suppe mit exotischen Früchten bekommt durch Sternanis ein raffiniertes Aroma.

Tamarinde
Die Schoten beinhalten einen sehr sauren Saft, der in der indischen und thailändischen Küche häufig verwendet wird. Im Handel sind die klebrigen, getrockneten Schoten erhältlich.

Thai-Basilikum
Der Name verrät die Herkunft. Es ist ein wichtiges Gewürz in der thailändischen Küche. Thai-Basilikum verfeinert gebratene Nudelgerichte, Saucen und Currys. Man bekommt ihn meist nur in asiatischen Geschäften. Er ist sehr empfindlich und sollte daher möglichst frisch verarbeitet werden.

Thymian
Sein angenehm würzig-süßliches Aroma passt zur Mittelmeerküche wie der Rosmarin. Er ist außerdem ein fester Bestandteil der »Herbes de Provence«.

Topinambur
Von Oktober bis Mai werden die unterirdisch wachsenden Knollen überwiegend in Niedersachsen und in Baden geerntet. Man kann sie kochen, dünsten, braten oder auch roh genießen.

Vanille
Die Fruchtschoten des tropischen Vanilleorchideenbaumes verfeinern Desserts, Kuchen, Eis, Gebäck usw. mit einem sehr angenehmen, unaufdringlichen Geschmack. Für Kuchen und Teig verwendet man das ausgekratzte Mark. Bei der Zubereitung von Eis oder Milchreis wird die ausgekratzte Schote einfach in Flüssigkeit gekocht, bis sich die feinen Aromen lösen.

Waldmeister
Frischen Waldmeister gibt es nur im Mai. Bekannt sind der mit Waldmeister aromatisierte Maiwein und die Maibowle. Waldmeister ist auch in der süßen Küche beliebt. Sehr lecker sind frische Erdbeeren mit Waldmeister mariniert oder Weingelee mit Früchten und frischem Waldmeister.

Wasabi
Sehr scharfer grüner Meerrettich, der als Paste oder Pulver angeboten wird. Bekannt als Würze für Sushi und viele andere japanische Gerichte. Vorsicht ist bei der Dosierung geboten. Wasabi wird beim Servieren von Sushi daher immer extra gereicht – so kann sich jeder seine Schärfe individuell mischen.

Wacholderbeeren
Die dunklen Beeren schmecken leicht bitter und haben einen harzigen Beigeschmack. Je kleiner die Beeren, desto würziger ihr Aroma. Für kräftige Rotweinsaucen, Sauerkraut und Eingelegtes.

Worcester-Sauce
Flüssige Würzsauce, die ursprünglich aus England stammt. Die Sauce besteht hauptsächlich aus Essig, Wein, Zucker, Muskat, Nelken, Chillies, Salz und Pfeffer. Nur einige Tropfen genügen, um Saucen, Eintöpfe oder Pasteten zu verfeinern.

Ysop
Im Geschmack einerseits leicht bitter, andererseits frisch wie Minze. Ysop gibt es nur auf gut sortierten Märkten oder man züchtet ihn selbst im Garten. Er gibt Suppen, Buttermischungen und Saucen eine besondere Würze.

Zimt
Der süßlich-blumige Duft der Zimtrinde passt nicht nur zu vielen Süßspeisen und Gebäck, eine Prise davon gehört auch in den Glühwein.

Zitronat
Die dicke Schale der Zedratzitrone wird in einer Zuckerlösung kandiert. Gerade in der Weihnachtsbäckerei, wie z. B. in Stollen und Panettone, wird Zitronat meist zusammen mit Orangeat verwendet.

Zitronenblätter
Die dunklen, grünen Blätter werden fein geschnitten. Zum Verfeinern von Currys, Suppen und Fonds. Meist nur in asiatischen Lebensmittelgeschäften erhältlich.

Zitronengras
Findet hauptsächlich in der thailändischen Küche ihren Einsatz. Verwendet wird das dicke Ende der Zitronengrasstängel, die zerquetscht oder auch im Ganzen mitgegart werden. Es schmeckt intensiv nach frischer Zitrone. Frisches Zitronengras ist dem Pulver vorzuziehen.

Zitronenmelisse
Die frischen Blätter sind nicht nur eine beliebte Deko bei Süßspeisen, sie schmecken auch herrlich zitronig. Sie werden zum Aromatisieren von Süßspeisen und Jogurtdrinks, aber auch von Blattsalaten verwendet.

Zucker
Allgemeine Bezeichnung für den aus Zuckerrohr und Zuckerrüben gewonnenen Rohr- und Rübenzucker. Zucker hat eine hohe Süßkraft und liefert Energie, enthält jedoch keine Vitamine, Ballaststoffe und Mineralstoffe. Ein zu hoher Verzehr von Zucker kann auch zu gesundheitlichen Gefahren wie z.B. Überernährung, Zahnproblemen, Herz- und Gefäßerkrankungen führen. Nicht wegzudenken ist Zucker jedoch in der Herstellung von Süßspeisen, Kuchen, Gebäck etc. Aber auch herzhaften Gerichten verleiht Zucker erst den richtigen Pfiff.